# 산사

## 한국의 산지 승원

## Buddhist Mountain Monasteries in Korea

| 세계유산 |

# 산사

## 한국의 산지 승원

## Buddhist Mountain Monasteries in Korea

정병삼 지음

(학)신구학원 신구문화사

# 머리말

한국의 산사는 한국불교의 특징을 잘 드러내는 종교의 전당이자 문화유산의 보고이다.

2018년 6월 30일 개최된 세계유산위원회는 한국의 산사 7곳의 세계유산 등재를 결정했고, 7월 4일 등재목록에 올랐다. 산사가 세계유산이 되든, 되지 않든, 그 정체성은 물론 의의나 모양새는 달라지지 않는다. 그러나 인류의 보편적 지혜를 담은 탁월한 가치를 지닌 유산에만 인정되는 세계유산으로 등재되었다는 사실은 한국의 산사가 세계적으로 그 의미를 인정받았다는 점에서 매우 중요한 일이다.

산사를 세계유산에 등재하는 데 참여해 온 나로서는 보람과 감회가 새롭지 않을 수 없다. 반백 년 가까이 수많은 산사를 찾아 느꼈던 갖가지 감회도 적지 않다. 그래서 세계유산 등재를 위한 작업 과정에서 느낀 내용과, 오랫동안 절을 찾으면서 가졌던 생각들을 우리 문화를 아끼고 사랑하는 사람들과 함께하려는 뜻에서 이 책을 펴내게 되었다. 사진도 그간 산사를 찾으면서 남겼던 것들에다 등재 과정에 사용했던 항공사진과 도면을 보완해 넣었다.

한국의 산사는 우리나라 사람이라면 대부분 그 대강은 알고 있다. 누구든 산사를 찾을 때, 산사의 세계유산적인 특성을 말해 주면 아, 그렇구나 하고 금새 그 의의를 수

궁하게 될 것이다. 그것은 한국의 산사가 우리가 자연을 대하는 삶의 자세를 고스란히 담아 자연과 더불어 살아온 결정체이며, 천 수백 년 오래전부터 오늘에 이르기까지 한국불교의 역사를 온전히 담아온 한국불교 그 자체로서 우리 곁에 함께 있어 왔기 때문이다. 한국 산사의 이런 특징은 우리만 생각하는 주관적 판단이 아니다. 세계유산 등재 근거로 한국의 산사가 오늘날까지 불교의 신앙 활동과 수행과 승가공동체의 생활을 오랫동안 지속적으로 이어온 성역으로서 특출한 증거임을 들고 있는 것이 이를 확인해 준다. 다만 이렇게 우리가 모두 알고 있는 내용을 산사에 한 번도 와 보지 않은 다른 문화 환경의 사람들에게 그 인류사적인 탁월한 가치를 설명하는 것이 쉽지 않았기 때문에 여러 사람들이 애써 그 세세한 내용을 준비했을 뿐이다.

그래서 이 책은 일반적으로 산사를 찾는 감상으로 먼저 편안하게 길을 열고, 끝에 각 산사의 세계유산적 가치와 역사를 덧붙이는 순서로 살펴보도록 구성했다. 세계유산적 가치와 역사는 산사 등재신청서에 수록되어 있는 것을 소개하는 데 중점을 두었다. 번거로울 수도 있지만 이를 수록한 이유는, 한국 산사의 진정한 모습을 찾는 이들이라면 세계유산으로서의 산사의 의의를 한 번쯤 명확히 살펴봐야 한다고 생각했기 때문이다. 첫머리에 산사의 세계유산적 의미를 말하고, 마지막에 한국 산사의 역사와 세계유산으로서의 특성에 대해서 얘기한 것도 마찬가지이다. 산사가 한국의 특수한 산중 절에 그치지 않고 어떤 면에서 그 세계문화사적인 보편적 가치를 갖는지를 생각해 볼 필요가 있기 때문이다.

통도사 부석사 봉정사 법주사 마곡사 선암사 대흥사의 7개 산사가 세계유산이 되었지만, 과제는 앞으로 더 많이 남아 있다. 산사가 현재의 특성을 그대로 잘 유지하고 보존하며, 이 시대의 정신을 담은 진정한 유산으로 나아갈 수 있도록 더 많은 지혜를 모아 철저하게 관리하는 체제를 마련하고 이를 엄격하게 실천해야 하기 때문이다. 여러 곳으로 나뉜 유산의 공통적인 특성을 유지하면서 각각 산사의 개별적인 특성을 잘 발휘할 수 있도록 관리 방안을 마련하는 것이 필수적이다. 우리의 문화적 역량이라면 관련 기관이 긴밀히 협조하여 훌륭한 방안을 마련하고 이를 실행하여 진정한 세계유산으로서의 탁월한 의의를 잘 가꾸어 가리라 믿는다.

등재를 준비하면서 마음을 모아 노력했던 책임 최재헌 교수와 류성룡 교수, 이동주 교수 모두가 애쓴 결과를 이 책에 담아 남기고 싶었다. 몇 해 동안 함께 일했던 동료로서 깊이 감사드린다. 등재 추진 과정을 이끌고 결정적인 지원을 해주신 이혜은 위원장님과 전문위원님 여러분, 교계에서 뒷바라지 해주신 홍선 스님, 혜일 스님께 감사드린다. 등재추진위원회를 이끌어온 역대 문화부장 스님과 심주완 이용윤 팀장님, 김경미 김정은 책임연구원님과 여러 연구원 여러분, 문화재청 세계유산팀 여러분 모두의 큰 공덕은 산사가 세계유산으로서 빛날 때 항상 그 자리에 함께할 것이다.

여러 모로 부족한 글을 훌륭한 책으로 엮어주신 신구문화사 임미영 대표님과 최승복 부장님께 감사드린다.

2025년 10월 25일

분당 송헌에서 정병삼

# 차 례

# 세계유산이란?

세계유산은 1972년 유네스코(UNESCO, 국제연합교육과학문화기구)의 세계 문화 및 자연유산의 보호에 관한 협약(Convention Concerning the Protection of the World Cultural and Natural Heritage)에 의거하여, 유네스코 세계유산위원회가 인류 전체를 위해 보호되어야 할 뛰어난 보편적 가치(Outstanding Universal Value)가 있다고 인정하여 세계유산목록

제주 화산섬과 용암 동굴 © 국가유산청

불국사

에 등재한 유산을 말한다. 세계유산은 인류의 보편적이고 뛰어난 가치를 지닌 각국의 유산이다. 세계유산에는 문화유산, 자연유산 그리고 문화와 자연의 가치를 함께 담고 있는 복합유산이 있다.

세계유산이 등재 목적은 자연재해나 전쟁 등으로 파괴의 위험에 처한 유산의 복구 및 보호 활동 등을 통하여 보편적 인류 유산의 파괴를 근본적으로 방지하고, 문화유산 및 자연유산의 보호를 위한 국제적 협력 및 나라별 유산 보호 활동을 고무하기 위한 것이다.

문화유산(Cultural Heritage)은 유적, 건축물, 문화재적 가치를 지닌 장소 등이다. 자연유산(Natural Heritage)은 생물학적 군락, 지질학적 생성물, 멸종위기에 처한 동식물 서식지 등이다. 복합유산(Mixed Heritage)은 문화유산과 자연유산의 특징을 동시에 충족하는 유산이다. 전체 세계유산의 77.5%가 문화유산이다.

백제역사유적지구 정림사지 © 국가유산청

2025년에 한국의 세계유산은 17개가 되었다. 석굴암 불국사(1995년), 해인사 장경판전(1995년), 종묘(1995년), 창덕궁(1997년), 화성(1997년), 경주역사유적지구(2000년), 고창 화순 강화 고인돌 유적(2000년), 제주 화산섬과 용암동굴(2007년), 조선왕릉(2009년), 한국의 역사마을, 하회와 양동(2010년), 남한산성(2014년), 백제역사유적지구(2015년), 산사, 한국의 산지 승원(2018), 한국의 서원(2019), 한국의 갯벌(2021), 가야고분군(2023), 반구천의 암각화(2025) 등이다. 제주와 갯벌만 자연유산이고, 나머지는 모두 문화유산이다.

또한 세계유산에 등재하기 위해 준비하고 있는 잠정유산목록이 있다. 잠정목록은 현재 강진 도요지, 설악산 천연보호구역, 남해안 일대 공룡화석지, 염전, 중부내륙 산성군, 외암마을, 낙안읍성, 우포늪, 조선 수도성곽과 방어산성, 화순 운주사 석불석탑군, 양주 회암사지, 한국전쟁기 피란수도 부산의 유산 등 12개이다.

# 세계유산 한국의 산사

2018년 6월 30일 바레인의 수도 마나마에서 열린 제42차 세계 문화 및 자연 유산 보호를 위한 회의에서 유네스코 세계유산위원회는 "산사, 한국의 산지 승원-Sansa, Buddhist Mountain Monasteries in Korea-"을 세계유산으로 등재할 것을 결정하여(Decision 42 COM 8B.23), 7월 4일 유산 목록에 등재하였다.

세계유산위원회는 통도사, 부석사, 봉정사, 법주사, 마곡사, 선암사, 대흥사의 7개 사찰로 이루어진 연속유산 한국의 산사가 7~9세기에 창건된 이래 오늘날까지 수행과 신앙과 생활이 이루어지는 종합 승원으로서 탁월한 보편적 가치가 있는 인류문회의 특출한 세계유산인을 인정한 것이다.

세계유산위원회가 인정한 한국의 산사의 전체적인 특징은 다음과 같다. 한국의 산사는 한반도 전역에 위치한 산지 불교 승원으로서, 7~9세기에 창건된 통도사, 부석사, 봉정사, 법주사, 마곡사, 선암사, 대흥사의 7개 사원은 고대로부터 신앙이 지속적으로 실천된 중심지이다. 7개의 사원은 여러 불교 사상과 역사적 연관을 가지며, 산사마다 대표적인 오래된 건축물, 많은 유물과 문서, 전각들을 보유하고 있다. 한국 불교의 구체적인 유무형의 역사적 전통은 산사의 오랜 역사와 연속성, 사원 관리의 전통, 승려의 교육, 선 수행과 교학 연마에 기반을 두고 있다. 산사의 공간 구성은 승

영취산에서 벋어 내린 통도사 사역

가 공동체의 자립적인 특성을 반영한다. 산사는 조선 시대의 수세기의 억압과 16세기 후반의 일본 침략으로 인한 피해에도 불구하고 오늘날까지 살아있는 신앙과 일상 생활의 중심지로서의 역할을 지속적으로 이어왔다.

한국의 산사는 세계유산의 여섯 가지 등재 기준 가운데 기준 (iii)의 요건을 충족한다. 한국의 불교는 여러 시대를 거친 오랜 역사를 가지고 있다. 통도사, 부석사, 봉정사, 법주사, 마곡사, 선암사, 대흥사의 7개 산사는 7세기부터 오늘날까지의 수행과 신앙과 생활이 이루어지고 있는 불교 사원 문화의 특유한 한국적 사례이다. 산사는 불교의 신앙 활동과 수행과 승가공동체의 생활이 오랫동안 지속적으로 이어져 온 성역으로서 특출한 증거이다.

한국의 산사는 세계유산으로서의 특출한 유산임을 입증하는 완전성이 입증된다. 7개의 산사의 입지, 종교 생활과 일상 생활을 위한 잘 보존된 건축물, 법당과 전각, 선방과 강원, 요사채 등 산사는 한국의 산지 승원의 탁월한 보편적 가치를 표현하는 데

신라 석조물과 조선 후기 목조건물이 조화를 이룬 법주사 마당

필요한 요소가 포함되어 있다. 구성 요소를 위협하는 압력은 거의 없으며 현대의 주요한 손실이나 변경이 없고 역사적인 변화에도 불구하고 원래 기능을 유지하고 있다.

진정성 또한 입증된다. 산사의 연속 유산으로서의 진정성은 살아있는 종합 승원으로서 불교 신앙의 실천과 의례를 위한 구성 요소를 오랫동안 지속적으로 사용해 온 데 기반을 두고 있다. 산사의 입지와 환경, 전통, 기술과 관리체계, 무형유산은 진정성을 갖는다. 일부 건축물의 기능이 사원 운영을 지원하기 위해 변경되었지만 건축 요소는 전통 건축 기법을 사용하여 수리 및 복원의 원칙에 따라 신중하게 유지되고 있다. 불교 사원의 종교적 전통과 기능은 고도의 진정성을 유지하고 있다.

보호와 관리체계도 증명된다. 7개의 산사는 모두 문화유산 보존 및 활용에 관한 법률에 따라 지정된 문화유산으로 국가나 시/도에 의해 보호되고 관리된다. 산사 주변의 지속적인 사용과 개발을 조장하는 현대 건축물은 엄격히 통제된다. 7개 구성 요소는 각각 한국 전통사찰 보존지원법의 보호를 받는다.

이와 같은 요건을 충족하고 탁월한 보편적 가치가 인정됨으로써 "산사, 한국의 산지 승원"은 세계유산의 문화유산으로 등재되어 그 가치를 세계적으로 인정받게 되었다.

## 한국의 산사의 세계유산적 의의

한국의 산사山寺는 천사백여 년 전부터 창건된 이래 승려와 신자들이 불교 신앙 공동체信仰共同體를 구성하여 현재까지 단절 없이 수행과 신앙, 생활을 지속하고 다양한 불교 의례를 실천하며 한국불교의 전모를 고스란히 이어온 현장이다. 산사는 수행과 신앙과 생활로 나타나는 수행공동체의 지속성, 종교적 가치가 구현된 입지立地와 환경, 자연과 더불어 조화를 이루는 건축과 공간 구성에서 살아 있는 종합 승원僧院의 면모를 잘 드러내고 있다. 한국의 산사는 통도사通度寺, 부석사浮石寺, 봉정사鳳停寺, 법주사法住寺, 마곡사麻谷寺, 선암사仙巖寺, 대흥사大興寺의 7개 산사로 구성된 연속유산이다.

한국의 산사의 첫 번째 세계유산적 특성은 사상과 신앙을 실천해온 역사적 유구성이다.

한국의 산사는 7세기부터 9세기 사이 창건된 이후 각 산사마다 중심 영역의 온전한 모습을 잃지 않고 동일한 장소에서 한번도 단절되지 않고 지속적으로 활동하며 현재까지 불교 성역聖域으로서의 면모를 유지하고 있다. 이 점에서 한국의 산사는 지속성持續性 측면에서의 가치를 갖는다. 산사의 주불전主佛殿과 중심 신앙 영역은 창건할 때 표방했던 각 종파별 사상과 신앙 특징이 잘 남아 있으며, 석가신앙, 아미타신앙, 미륵신앙 등 여러 신앙이 단독으로 또는 공존하는 융합성을 갖추고 있다. 산사는 출가 승려의 수행을 위한 선원禪院과 강학講學 시설을 마련하고, 승려와 신앙인

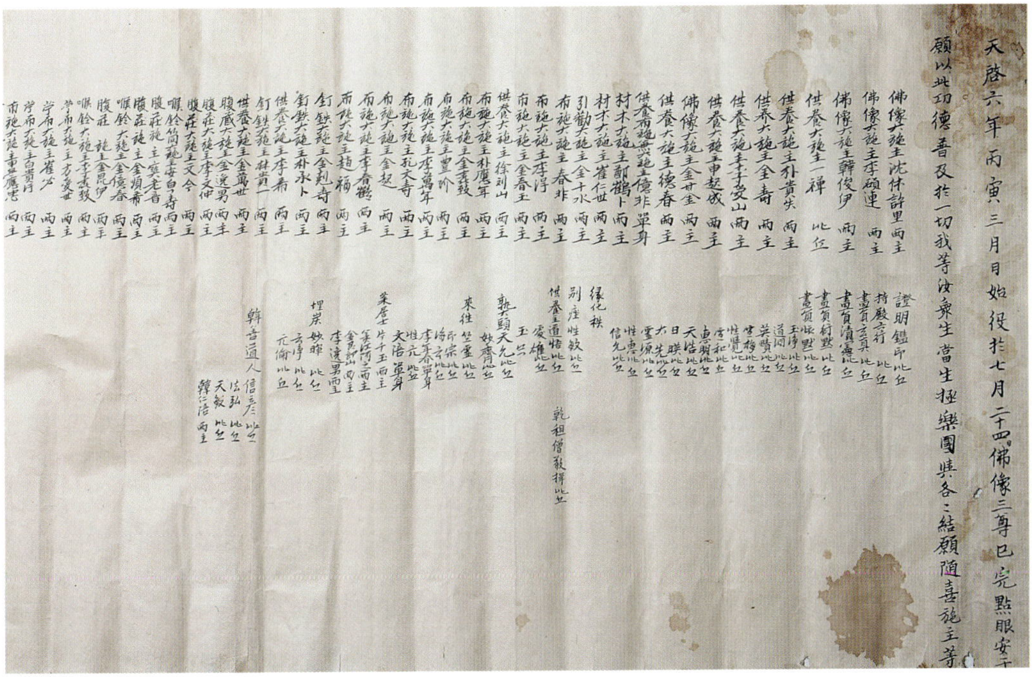

天啓六年丙寅三月 日始役於七月二十四佛像三尊已完點眼安于
願以此功德普及於一切我等與衆生當生極樂國共各結願隨喜施主等

법주사 아미타불상을 조성하는데 힘을 모은 승속들 ⓒ 산사세계유산등재추진위원회

의 생활을 위한 요사채를 갖추고 있다. 각 산사는 오늘날까지 다양한 불교 의례儀禮를 개최하여 신앙의 중심지로서 역할을 이어오고 있다. 자연 경관과 조화를 이루는 산사의 건축물은 신성한 공간으로서 승려들의 수행과 생활의 장소이면서도 대중들의 신앙처로서 공동체 공간을 형성한다.

한국의 산사는 시간이 지나면서 처음 창건할 때의 모습을 간직한 채 절의 영역을 확대하며 사찰구조에 시대별 변화상을 담게 되었다. 산사는 번영과 쇠퇴의 부침을 겪으며 고쳐 짓는 중창重創과 보수하는 중수重修의 역사적 과정을 거쳤고, 이에 따라 산사의 건축물은 각 시대를 대표하는 목조건축물의 형식을 모두 보존하고 있다. 우리나라의 가장 오래된 목조건축물인 봉정사 극락전과 부석사 무량수전 등이 세계유산 산사에 포함되어 있다. 한국 산사를 유지하는 중창의 원칙은 새로운 건물을 세우면서도 기존 건물을 중요한 가치로 인식하고, 창건 당시의 정신을 계승하여 과거의 질서를 보존하면서 새로운 질서를 부가하는 것이다. 새로운 기능과 요구에 따라 사찰 영역이 확장되어 구성축에 변화가 있었지만, 원래의 영역과 새로운 영역이 통일성을 이루도록 고려되어 사찰의 역사성을 유지하도록 하였다.

현재 한국의 산사의 대부분의 면모는 17세기 이후에 형성된 것이다. 16세기 말 일본의 침략으로 벌어진 임진壬辰(1592) 정유丁酉(1597) 전란으로 대부분의 산사는 막대한 피해를 입었다. 특히 전란에 참여하여 나라의 운명을 지키는데 앞장섰던 승군僧軍 활동은 승군이 주 거점인 산사가 피해를 입게 된 주요한 원인이 되었다. 그러나 전쟁 직후 여러 산사에서 동시에 중창이 추진되어 이전의 면모를 빠르게 회복하였다. 이때의 중창은 새로운 사찰의 창건은 금지하고 옛터를 중수하는 것만 인정했던 조선의 법전『경국대전經國大典』의 규정이 원형을 유지할 수 있는 토대가 되었다.『경국대전』의 원칙은 기존 규모의 재건으로 제한한 것이었고, 이 때문에 산사의 원형 유지가 가능하였으며 사찰의 역사성도 손상을 입지 않았다. 이런 노력의 결과 한국의 산사는 오랜 기간 동안 원형을 유지하며 활성적인 종교 기능을 담당해 올 수 있었다.

산사에서 승려들은 일상 활동인 예불禮佛과 공양供養을 제외한 시간에 일정한 시간을 정하여 선 수행을 하는 참선參禪, 경전을 공부하는 간경看經, 부처의 명호를 부르는 수행인 염불念佛 등으로 수행에 몰두한다. 7개 산사가 모두 갖추고 있는 선원은 집중적으로 선 수행에 몰두하는 곳이다. 선원에서는 계절적으로 외부 활동에 제약이 큰 여름과 겨울 각 3개월 동안을 안거安居 기간으로 정하고, 이 기간에는 외부와 단절된 채 오직 집중적인 선 수행을 실천한다. 승려들만의 수행 공간인 선원은 승려들의 수행과 삶과 문화가 고스란히 보존된 곳이기도 하다.

한국의 산사의 두 번째 세계유산적 특성은 자연과 조화를 이루는 입지와 공간 구

한국차를 중흥시킨 초의를 기리는 대흥사 동다송탑

성이다.

한국의 산사는 산기슭의 경사가 완만한 곳에 자리잡아 자연을 경계로 삼는 개방형 구조에 자연과 조화를 이루는 경관을 형성하여 종교적 가치를 구현한 입지와 환경을 형성하였다. 한국 산사는 산의 존엄성을 존중하고 산과 교감하는 정신성을 기반으로 가람을 구성하였다. 산사는 산과 별다른 경계 없이 개방 공간으로 연결된다. 산사의 건축물은 최소 규모로 축대를 쌓아 산의 지형을 훼손하지 않고 지형과 일체화되는 다채로운 형태로 경영하여, 비대칭적이고 비정형적인 모습으로 주변 지형이나 경관과 어울리게 하였다. 산사의 진입로 주변에는 자연 식생과의 조화를 고려하여 수종樹種을 결정하고 식물 경관을 조성하여 자연과 상생하는 원리를 구현하고자 하였다.

산사는 인간이 자연환경과 공존해야 한다는 조화의 원리를 산사에 구현함으로써, 자연 경관과 인공적인 건축물이 상호 조화를 이루는 특유의 문화유산을 만들어냈다.

공간 유형은 자연에 순응하며 사찰의 영역을 확대하여, 통도사 법주사 선암사와 같이 골짜기 끝자락에 넓은 터를 마련한 곡저형谷底形, 부석사 봉정사와 같이 경사진 지형에 터를 마련한 경사형傾斜形, 마곡사 대흥사와 같이 계류를 끼고 사역을 확장한 계류형溪流形의 유형으로 구분된다. 공간 구성은 중심 마당 하나를 중심으로 통도사의 삼로전三爐殿, 선암사 대흥사의 네 마당 등으로 확대되기도 하며, 중심축은 하나가 일반적이지만 봉정사와 같이 축이 두 개이기도 하고, 법주사와 같이 다른 두 개의 축이 교차하는 유형으로도 전개되었다.

산사는 완만한 경사면에 자리잡고 진입공간에서 주불전으로 옮겨가면서 점차 시각이 확대되도록 공간을 구성하였다. 원래 지형의 훼손을 최소화하여 건물을 세우고 건물들은 서로 유기적인 연결 관계를 갖도록 하였다. 건물의 배치는 마당을 중심으로 구성하였다. 신앙의 전당인 주불전, 수행과 생활 공간인 요사채, 전면의 진입부에서 출입과 경관을 연출하는 누각이 흙 바탕 그대로의 마당을 둘러싸, 마당과 주불전과 두 요사채와 누각의 네 건물로 형성한 사동중정형四棟中庭形 구조를 기본틀로 한다. 화재나 전쟁 등으로 건물들이 소실된 경우 원래의 장소에서 중건과 중수를 거듭하여 신성한 종교적 성역을 유지하였다. 주불전 좌우로는 여건에 따라 주불전과 긴밀한 신앙적 연계성을 갖는 보조불전을 유기적으로 배치하였다.

한국의 산사의 세 번째 세계유산적 특성은 살아있는 종교공동체의 지속성이다.

한국의 산사는 승려와 신도들의 종교활동이 이루어지는 신성한 공간이다. 승려들의 수행과 교육의 전당이자 승려와 신도들이 불교 의식儀式과 신앙 활동을 집행하는 예배 공간이며, 생활을 영위하는 공간이다. 산사에서는 불교의 교리를 익히고 전파하기 위해 경전을 간행하고 대중들의 신앙의식을 높이기 위해 다양한 신앙 대상물을 만들어 이곳에 신앙인들이 모이게 했다.

산사는 사찰을 수호 유지하려는 많은 신도들의 적극적인 지원으로 유지해 왔다.

일반인이 참여하는 부석사 기도 법회

왕실을 비롯한 지배층들이 공식 혹은 비공식적으로 사찰을 후원하였고, 특히 17세기 이후 산사가 위치한 지역의 수많은 주민들이 적극적으로 후원하였다. 전란으로 심신의 상처를 입은 보통 사람들은 승려와 신도가 협력하여 지역사회 각층의 후원을 얻어 전각을 다시 세우고 산사의 규모를 보완하였다.

전란으로 희생된 이들을 위해 산사에 신앙인들이 많이 모여 망자의 넋을 위로하는 천도재薦度齋 등의 대형 의례를 수시로 베풀었고, 이런 종교적 요구를 수용하기 위해 불전佛殿의 구조와 역할이 변화하였다. 불전 내부는 불상을 봉안한 불단佛壇을 차츰 뒤로 물리고 앞쪽으로 공간을 확보하였다. 이는 여러 사람이 모여 의식을 거행하고 행사를 진행할 수 있게 내부 공간을 확장한 것이었다. 불전의 벽면마다 다른 성격의 불화를 걸어 신앙인들이 다양한 성격의 의례를 거행할 수 있도록 하였다. 대규모 인원이 모이는 의례는 마당에 대형 괘불掛佛을 걸고 많은 사람이 참가할 수 있도록 야외 행사로 치렀다. 대형 행사는 마당에서, 다양한 성격의 여러 행사는 주불전 안에서 거행함으로써 공간을 보다 효율적으로 이용할 수 있게 되었다.

신앙인의 증대는 신앙의 다변화를 가져와 관음전觀音殿 지장전地藏殿을 비롯한 여러 보조불전이 증가하였고, 토착신앙을 포용한 산신각山神閣 칠성각七星閣 독성각獨聖閣 등도 산사의 한켠을 차지하게 되었다. 신앙의 활성화는 많은 신앙인들이 산사를 찾도록 하였고, 이에 따라 머무는 공간인 요사채가 점진적으로 확대되어 一자형에서 ㄴ자형, ㄷ자형으로, 그리고 ㅁ자형으로 평면 구성이 바뀌었다.

한국의 산사는 지역민과 긴밀한 유대를 갖고 문화 거점 역할을 담당해 왔다. 산사에서 망자의 영혼을 추모하고 기리는 일을 담당하였기 때문에 조선사회의 주도 이념이던 유학 시대에도 산사는 종교적 역할을 잃지 않았다. 이런 이유로 산사가 위치한 지역민들은 적극적으로 사찰의 유지를 후원하였고, 왕실과 지배층도 후원의 한 부분을 담당하였다. 중창 사업의 담당자들은 건축의 상량문上樑文과 중창기重創記, 불상과 불화의 조성기造成記와 발원문發願文 등 오늘날까지 전해지는 여러 가지 기록에 이런 사실을 충실히 담아냈다. 산사의 체계적인 유지 관리를 위해 현대에도 조사와 정비 사업을 지속적으로 시행하고 있다.

오늘날에도 산사는 각 사원마다 특유의 불교 의례를 거행한다. 날마다 거행하는 일일一日 예불禮佛과 연중 기념일에 거행하는 연중의례年中儀禮 외에 각 산사의 특징적인 의례를 거행한다. 신앙인으로서의 진실한 수행 정신을 다지기 위해 신도들도 참여하는 철야徹夜 정진과 철야 기도도 실행한다. 산사에는 각종 신도단체가 형성되어 사찰의 행사를 돕고 봉사정신을 실천한다. 신도단체는 산사가 소재한 지역을 포함한 중소도시와 대도시의 광범위한 신도들을 대상으로 조직하여 활발하게 활동하고 있다. 신도 단체는 또한 지역민과 함께하는 다양한 행사를 개최하여 지역공동체 의식을 함양하는 데 기여하고 있다.

산사, 한국의 산지 승원의 탁월한 보편적 가치를 보여주는 필수 요소들은 유산의 경계境界 내에 포함되어 훼손 없이 유지되고 있다. 산사를 구성하는 각 사찰의 중심 영역은 국가유산 사적史蹟으로 지정 보호되고 있고, 진입구역 또한 법률에 의해 보호되고 있다. 이로써 산사의 탁월한 보편적 가치를 전하는데 필수적인 요소들의 보존 상태는 양호하게 유지되고 있다. 석탑 등의 석조유산은 창건 시기의 경내 공간을 확인해 주며, 목조건축물들은 처음 건립된 동일한 장소에서 보존 관리되고 있다. 산사에는 오래되고 우수한 다양한 유산들이 양호한 상태로 보존되어 역사적 유구성과 탁월한 미의식을 입증하고 있다. 산사는 용도와 기능, 입지와 환경, 전통, 기술과 관리체계 측면에서 세계유산으로서의 진정성眞定性을 만족한다. 산사는 극히 일부를 제외하고는 대부분 사찰과 정부가 소유권을 가지고 있고, 이들은 문화유산 보존 및 활용에 관한 법률에 의해 법률적으로 보호 관리되고 있어 세계유산으로서의 관리체계를 충족한다.

# 산사, 한국의 산지 승원의 지역적 분포

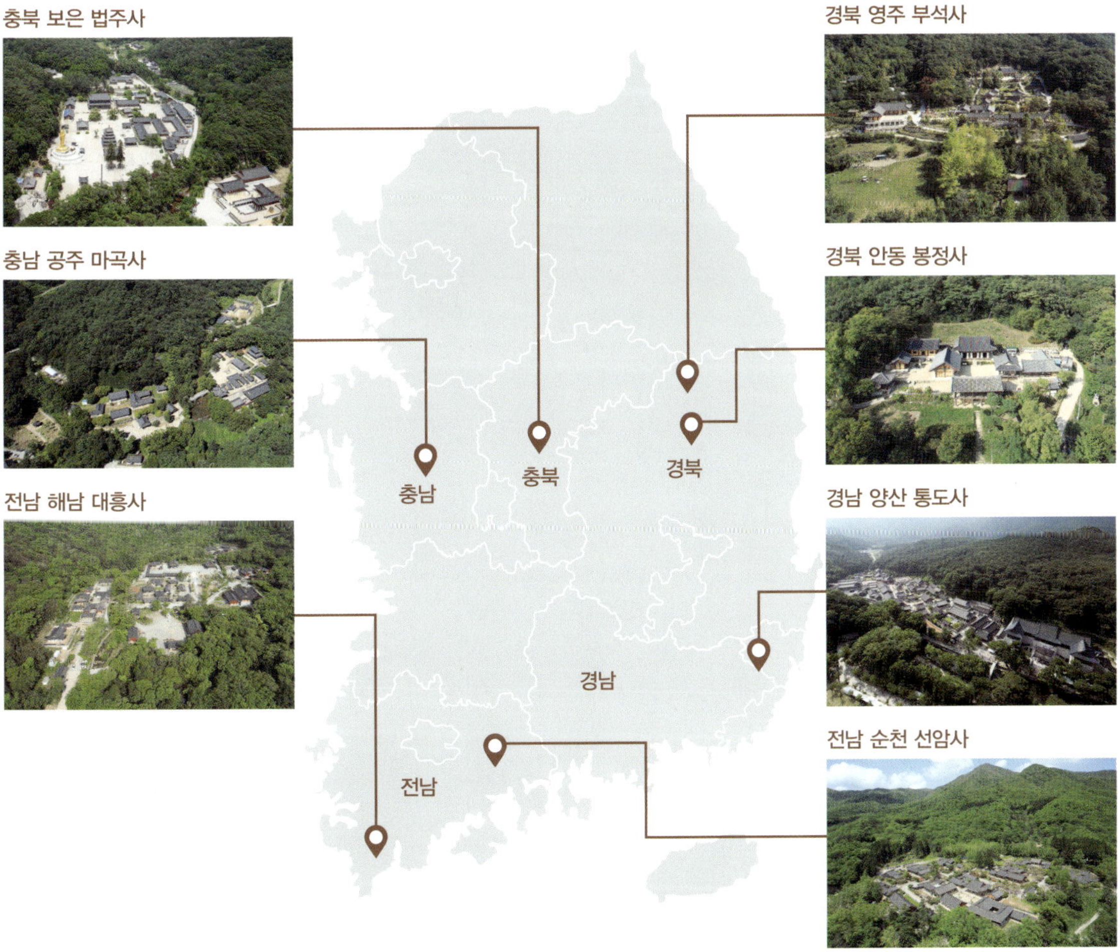

# 通度寺

# 1 통도사

통도사 금강계단

통도사의 세계유산적 가치

통도사의 역사

© 산사세계유산등재추진위원회

# 통도사 금강계단

정기 서린 영취산靈鷲山 품에 안긴 통도사通度寺는 한국불교의 근본도량으로 꼽아 손색없는 불보종찰佛寶宗刹이다. 한국 불교를 대표하는 삼보사찰三寶寺刹 중에서도 법보사찰 해인사, 승보사찰 송광사에 앞서 첫머리에 불보사찰 통도사가 자리한다. 통도사는 마주치는 불전마다 부처님을 향한 믿음을 마음에 새기며 올라가노라면 마지막에 대웅전의 든든한 자리가 순례자를 맞는 구조를 내보인다. 간절한 마음으로 대웅전 마루에 엎드려 일어서는 그때 불상 없는 빈 불단 위로 계단의 성스러운 자태가 조용히 떠오른다. 통도사를 이루는 처음이자 끝인 성소聖所 금강계단金剛戒壇이다.

불교는 석가모니釋迦牟尼 부처님으로부터 시작한다. 절을 찾는 어느 누구도 가장 먼저 생각하는 것은 부처님이다. 2,500년 전에 저 하늘 너머 인도 땅에 태어나 세상의 바른 이치를 깨치고 그 진리를 사람들에게 설파해준 분, 그래서 부처님은 먼 역사 속에 들어 있다. 그러나 사람들은 옛날이든 오늘날이든 지금 이 자리에 그 부처님이 함께하기를 바란다. 처음에는 부처님의 유골인 사리舍利를 모신 불탑佛塔에 예배하며 그 빈자리를 채웠다. 그 후 500여 년이 지날 무렵 그 모습을 직접 뵙기를 바라는 마음은 부처님을 형상으로 빚어 절에 모시고 예경하는 것으로 바뀌었다. 그 후 2천 년이 지난 지금까지 절에는 으레 불전 안에 좌정하신 불상佛像이 순례객을 맞는다.

통도사 가람배치 ⓒ 산사세계유산등재추진위원회

그래서 통도사는 색다른 절이다. 절의 중심 불전인 대웅전에 불상이 없다. 대웅전 너머에 부처님 진신사리眞身舍利를 모신 금강계단이 있기 때문이다. 부처님 진신이 있으니 부처님을 본딴 형상이 있을 필요가 없다.

계단戒壇은 본래 불법佛法의 가르침을 따르겠다고 서약하는 증명의 자리다. 또 출가자가 깨달음을 구하고 중생들과 더불어 살겠다고 다짐하는 자리다. 불교 교단敎團을 이루는 구성원들, 출가자出家者와 재가자在家者가 반드시 지켜야 할 계율을 받아 지님을 확인하는 성스러운 장소가 계단이다. 본래 청정한 곳을 선택하여 계를 받는 곳으로 했다가, 후에 삼중의 단을 쌓아 계단의 틀을 만들었다. 계단의 근원으로서,

금강석처럼 좀처럼 깨지지 않는 단단한 믿음의 현장이기에 금강계단이라 한다.

통도사 금강계단은 부처님의 진신이 들어앉은 성소이며 불자로서 나아가기를 서약하는 약속의 장소가 중첩되는 곳이다. 통도사가 '불지종찰佛之宗刹' 곧 부처님의 근본도량으로 자부하는 까닭이 여기에 있다.

우리나라의 여느 산사처럼 통도사도 큰 산의 기슭에 자리잡고 있다. 그런데 통도사 주산은 해발 1,081미터의 영취산(영축산)이다. 실제 영취산은 인도 옛 마가다국 왕사성 교외에 있다. 독수리가 웅장하게 날개를 펴고 앉은 모양이라는 데서 따온 산 이름이다. 영취산은 실제로 석가모니부처님이 오랫동안 설법 자리를 펼쳤던 곳이다. 이곳은 『법화경』『대반야경』 등을 설한 곳으로 전해내려 왔고, 현재도 그 이름 그대로 정상 언저리에 여러 수행굴들이 있는 살아있는 불교 현장이다.

영취산은 통도사에서 올려다볼 때 우뚝 솟은 수리바위가 웅장하게 도량을 내려다보는 형세이다. 이 신령한 기운이 감도는 영산이 금강계단의 석가 진신이 참임을 증명하듯 한결같이 통도사와 함께 존재한다. 영취산에서 발원한 물줄기가 흘러내려 양산천이 되는 개울 옆으로 평탄한 지형이 동서로 길게 펼쳐진다. 이곳에 터를 마련한 통도사는 계류를 따라 입지를 넓게 확대한 장대한 가람규모를 형성하여 규모로도 우리나라에서 손꼽는 종찰을 이루었다.

통도사의 풍수는 두 마리 용이 여의주를 희롱하는 쌍룡농주형雙龍弄珠形이라 한다. 산줄기가 물줄기를 만나 멈추니 음양이 배합되며 흉사가 보이지 않는다. 물이 명당 앞을 감아 도는 궁수弓水이면서 잔잔하게 흐르는 길한 물 흐름이다.

통도사 가는 길은 금강계단을 참배하는 길인만큼 좀 엄숙한 기분으로 나서는 것이 좋다. 그러나 근래에 커다랗게 새로 세운 산문山門을 지나면 노송老松이 반겨주는 긴 명품 진입로가 가벼운 발길을 재촉한다. 바위에 새겨진 수많은 이름들은 저마다 명찰을 찾았다는 나름의 자랑거리였겠지만 지금은 자연을 거스르는 공해의 자취일

통도사 금강계단

뿐이다. 그나마 발길을 따라오는 개울이 옛 정취를 전해줄 뿐이다.

두 번째 산문 어귀에는 통도사를 빛낸 고승高僧들의 승탑僧塔 수십 기가 즐비하게 늘어서서 대찰의 풍모를 내보이며 탐방객을 맞는다. 그리고 만나는 거대한 박물관은 산사의 경관과는 사뭇 다른 모양인지라 꽤 낯설다. 그러나 오늘뿐 아니라 앞으로도 길이 유산을 잘 보존하기 위해서 필수적으로 갖추어야 할 시설이다. 산사가 옛집에 머물지 않고 오늘 살아있는 승원이기에 내일을 위한 준비 또한 마련해야 하기 때문이다.

이제야 옛 일주문一柱門에 이른다. 여느 산사와 달리 통도사는 가장 안쪽에 핵심 영역이 있어 곧장 천왕문天王門과 불이문不二門을 다 지나 대웅전부터 순례를 시작한다. 대웅전에 들어서면 뒤편에 구룡지九龍池가 자리잡고 있다. 646년 무렵 신라불교 계율을 정립한 자장慈藏율사가 통도사를 창건하려고 이곳에 왔더니 용이 재앙을 부리고 있었다. 자장은 신통력으로 용을 제압하여 연못에 가두고 절을 지을 수 있었다고 한다.

대웅전 북쪽에 잇대어 금강계단(국보 제290호)이 자리잡고 있다. 엄정한 비례와 잔잔한 새김으로 장중한 형상을 내보이는 계단은 그 규모가 대단하다. 계단은 당나라 도선道宣이 그 규범을 책으로 정리했는데 통도사 계단은 거기에 부합하는 전형적인 계단으로 꼽힌다. 도선은 계단은 삼중의 단이며, 하단下壇은 사방 29.8척에 높이 9척, 중단中壇은 23척에 4.5척, 상단上壇은 7척에 2촌으로, 상단에는 불사리를 넣은 보탑寶塔을 안치한다고 정했다. 이렇게 규범대로 만든 계단은 동아시아에서도 흔치 않다. 통도사 계단이 한국불교의 근본이 될 토대가 되는 것은 바로 이 계단의 중요성 때문이다.

통도사 금강계단

통도사 금강계단

통도사 대웅보전

계단과 이어 세운 대웅전(국보 제290호)은 평면이 '丁'자형의 독특한 형태이다. 계단 쪽을 제외한 남쪽 정면과 좌 우 양 측면에서 모두 법당으로 바로 들어갈 수 있도록 고안한 구조이다. 평면을 살펴보면 정면 3칸, 측면 3칸의 정방형 건물에 측면 2칸을 더하여 장방형 공간으로 구성했음을 알 수 있다. 대웅전에는 북쪽 계단쪽은 적멸보궁, 남쪽 주 방향은 금강계단, 동쪽 진입부는 대웅전, 서쪽은 대방광전大方廣殿이라고 각기 다른 현판이 걸려 있다. 셋은 부처님 진신을 상징하는 같은 뜻의 현판이지만 대방광전은 통도사 창건주 자장이 화엄을 표방했기 때문에 내건 것이다.

대웅전은 부처님 진신을 받드는 건물답게 건물의 토대가 되는 기단과, 기단의 모서리 사이를 막은 면석面石의 장식, 창문의 꽃창살에 새긴 연화 모란 국화 등의 무늬

통도사 대웅보전 내부. 불단에 불상이 없고 창 너머로 계단을 마주함

통도사 대웅보전

가 모두 최상급 격식을 갖추었다. 지붕의 기와 또한 절기와를 쓰기도 하도 막새기와를 백자 연봉蓮峯으로 마무리하는 등 최고급 격을 갖추었다. 지붕 정상에는 70cm의 청동 보주寶珠가 있고, 그 위에 50cm 크기의 찰간대刹竿臺라 부르는 쇠기둥을 설치했는데, 이것은 이 대웅전 건물이 부처님이 계시는 연궁蓮宮을 뜻한다는 상징이다. 부처가 이 세상에 내려옴을 나타내는 조형물이라 한다. 건물 내부의 천장과 지붕을 받치기 위해 짜넣은 공포栱包는 화려하고 장중한 꾸

밈인데 세월이 흘러 빛바랜 단청丹靑이 고색창연함을 더한다.

무엇보다 대웅전의 백미는 정면에 불단만 시설한 간결한 조영 형식이다. 여느 법당처럼 불단 위에 불상을 봉안하지 않고 긴 창을 열어 뒤편의 금강계단을 바로 대할 수 있게 만들었다. 이 자리에 차분하게 앉을 여유가 있다면, 바깥세상에서 담아온 소란함을 다 내려놓고 마음을 가라앉히며 지긋이 창 너머를 바라보라. 저만치 건너다 보이는 창 너머 계단 광경은 그 어떤 곳에서도 경험하지 못했던 청신한 기운을 가져다 줄 것이다. 그걸 찾지 못했다면 눈을 감고 계단의 이미지를 가만히 느껴보는 것도 한 방법이다. 어느 쪽이든 통도사 금강계단에서 찾는 것은, 부처님의 진신사리가 아니라 나 자신이다. 그래서 통도사를 찾으면 꼭 잊지 말고, 대웅전 마루에서 나만의 어떤 만남을 기대하면 좋지 않을까.

통도사 대웅보전의 꽃창살

잠시 생각을 가라앉혔으면 대웅전을 나와 명부전 끝자락 설법전說法殿 앞에서 영취산을 바라보자. 우리 산사가 왜 산자락에 자리잡는지, 산자락의 어디에 터를 세우는지 말이 필요 없이 느끼게 되는 그 지점에서 통도사의 빼어난 경관을 한눈에 안게 될 것이다.

아마 통도사는 자장율사가 처음 창건하던 때의 불전은 계단과 대웅전 영역 정도였을 것이다. 부처의 진신을 봉안한 금강계단의 명성은 이내 순례자들의 발길을 모았을 것이다. 통도사는 우리나라 근본 계단의 위상을 가졌기에 항상 순례의 중심이 될 수밖에 없었고 이에 따라 절의 규모는 커져 갔다. 산기슭의 드넓은 터에서 시작했지만 규모가 늘어나면서 개울을 따라 동쪽으로 사역을 키워 나갔다.

그 결과 고려말 즈음에 크게 세 영역으로 구분된 사역寺域을 갖추게 되었다. 각 사역마다 각각 중심 불전을 세우고 기도를 봉행하였고, 기도를 올리기 위해 노전爐殿을 각각 설치하였다. 통도사의 특징인 삼로전, 곧 상로전上爐殿 중로전中爐殿 하로전下爐殿 체제가 정착된 것이다. 지리적으로 보면 계단-대웅전이 이루는 남북축이 개울을 따라 오른쪽으로 세겹으로 중첩되어 동서축을 형성하여 삼로전이 이루어졌다.

고려말에 형성된 삼로전 구성은 재난과 중창을 거듭하며 18세기에 현재의 모습으로 확정되었다. 1757년에 상 중 하 세 구역마다 노전인 일로향각一爐香閣, 전향각篆香閣, 응향각凝香閣을 나란히 건립함으로써 삼로전 구성이 분명해졌다. 상로전은 금강계단과 대웅전을 중심으로 산령각山靈閣과 삼성각三聖閣, 응진전應眞殿과 명부전冥府殿이 자리잡았다. 중로전은 뒤쪽 대광명전大光明殿을 중심으로 앞으로 용화전龍華殿과 관음전觀音殿이 자리잡고, 좌우로 개산조당開山祖堂, 해장보각海藏寶閣, 전향각, 황화각皇華閣 등이 있다. 하로전은 영산전靈山殿을 중심으로 극락보전極樂寶殿과 약사전藥師殿이 좌우로, 만세루萬歲樓가 앞쪽으로 자리잡고 뒷편으로 영각影閣, 응향각, 명월료明月寮 등의 요사채가 터를 잡았다.

근본 구역인 상로전의 석가모니 진신사리를 모신 석가신앙과 계단의 계율정신이 통도사가 지향하는 기본 신앙이다. 여기에 지장신앙과 나한신앙 삼성신앙이 추가되었다. 그런데 중로전과 하로전은 화엄신앙, 미륵신앙, 관음신앙, 석가신앙, 미타신앙, 약사신앙 등 한국불교의 주요 신앙을 망라하여 전각을 구성하였다. 통도사는 석

통도사 금강계단 진신사리탑

가신앙을 근본으로 한국 불교신앙 전체를 융합한 신앙체계를 의도한 것이다.

세 구역은 각각의 독립된 마당을 갖추었지만 규모는 서로 차이가 있다. 세 개의 남북축이 시작되는 선이 같지 않고, 저마다 건물 구성을 특색 있게 했기 때문이다. 세 구역의 가장 위쪽인 상로전 중에서도 대웅전보다 높은 지형에 금강계단을 배치함으로서 공간의 위계位階를 표현하였다. 자장은 신라 불교계를 이끌 기반으로서 통도사를 창건하고 계단을 설치하였다. 이후 진신사리가 봉안된 계단은 신라 불교신앙의 구심점이 되었고, 이 역할은 고려시대에도 마찬가지로 이어졌다. 많은 사람들의 관심의 대상이 된 만큼 곡절도 많이 겪었다. 계단 안에 정말 진신사리가 들어 있을까? 사람들의 궁금증은 예나 지금이나 대체로 비슷했다.

13세기에 이 지역의 행정책임자였던 이는 권력을 이용해 궁금증을 해소하고 싶었다. 어떤 이는 구렁이를 보았다 하고, 어떤 이는 두꺼비를 보았다 하는 등 사람마다 얘기가 달랐다. 그래서 실제로 덮개돌을 들고 열어보았더니 유리통 안에 사리가 들어 있는 것을 확인할 수 있었다. 고려말에 왜구가 준동하자 이들이 약탈해갈까 염려하여 잠시 사리와 자장율사의 유물들을 왕도 개경으로 옮겨 보관하였다. 이 소식을 들은 사람들은 귀천을 막론하고 물밀듯이 몰려와서 사리에 예배했다. 진신사리는 이후 다시 원자리에 돌아왔다.

문제는 임진왜란이었다. 침략자 일본은 불교를 크게 숭상하는 나라였고 통도사 진신사리의 명성은 그들에게도 익히 알려져 있었다. 더구나 통도사와 가까운 부산은 왜군이 들어오는 길목이었다. 국난을 위해 승병僧兵을 지휘하며 활동했던 사명四溟대사가 사리 보존책을 강구했다. 사명대사가 계단을 열어보았더니 그때는 두 개의 함에 각각 2과의 사리가 들어 있었다. 사명대사는 사리를 받들고 금강산에 머물던 스승 서산西山대사에게 가져갔다. 서산대사는 한 함은 자신이 보현사에 봉안하고, 한 함은 사명대사에게 원 자리인 통도사에 다시 봉안하게 하였다. 그런데 마침 사명대사는

자장의 진영을 봉안한 개산조당과 해장보각

왜와의 협상을 위해 일본에 가야 했다. 제자들은 사리를 나누어 1과는 달성 용연사龍淵寺에 봉안하고, 1과는 통도사 제자리에 봉안하게 했다. 지금도 통도사는 물론 용연사에도 계단이 자리잡고 있다.

통도사 계단의 현재 모습은 계파성능桂坡性能대사가 불국사를 비롯한 30여 사원의 후원을 얻어 1705년에 계단을 중수하고 단장한 것이다. 이처럼 워낙 중요한 신앙의 대상이었기에 창건 후 수많은 곡절과 중수를 거쳐 지금 분명한 원모습을 찾기는 쉽지 않다. 우리가 문화유산을 지켜온 전통으로 볼 때 창건 시의 면모를 크게 잃지 않도록 보존해 왔으리라 짐작할 뿐이다. 그러나 창건 때부터 지금까지 언제나 신앙의 구심점이었던 것만은 변함이 없었다.

계단과 대웅전에서 사리신앙에 흠뻑 젖었다면 아래로 내려와 개산조開山祖 자장율사의 영정을 모신 해장보각과 개산조당을 둘러보자. 해장보각의 문에 해당하는 개산조당은 솟을삼문 형태이다. 유교 사당의 예처럼 개산조를 추앙하는 뜻을 문에 담아 건립하여 자장의 뜻을 길이 기리고 있다. 개산조당 옆에는 세존비각世尊碑閣이 있다. 성능대사가 계단을 중수하고 그 사실을 기록하여 1706년에 세운 비이다. 자장율사가 처음 창건하고 사리를 봉안한 사실과 사명대사의 사리 수호 사실을 채팽윤蔡彭胤이 짓고 이진휴李震休가 써서 세웠다. 비의 뒷면에는 이 일에 참여한 대중들과 시주자들을 기록하였다. 소중한 문화유산이 잘 보존되기 위해서는 이런 분들의 끊임없는 노력이 있어야 했음을 증명하는 유물이다.

다음에는 중로전 중심건물인 대광명전(보물 제1827호)을 찾아 북쪽 깊숙한 마당으로 가자. 통도사에는 여느 절보다 다양한 종류의 풍부한 많은 불화가 있지만, 건물 벽에서 비바람 다 맞으며 세월을 견뎌온 벽화들도 좋은 작품이 많다. 관음전의 공포 사이 공간 포벽包壁에 그린 그림이며 건축 부재 곳곳에 그린 정갈한 벽화들이 눈길을 끈다. 그중에 잠시 해장보각 처마 밑을 올려다보면 무섭지 않고 친근한 호랑이가 우리를 반긴다. 솔가지 밑에서 까치와 실랑이를 벌이고 있는 호랑이 그림이다. 통도사에는 이처럼 공들여 찾아보면 나만이 느낄 수 있는 호사가 곳곳에 묻혀 있다.

해장보각 처마 밑에 그린 까치 호랑이 그림

대광명전은 1725년에 중건했으나 곧 화재를 만나 1758년에 다시 세운 건물이다. '법신 비로자나불을 중심으로 보신

비로자나불상과 삼신불화를 봉안한 통도사 대광명전 내부

통도사 대광명전

노사나불과 화신 석가모니불의 삼신불三身佛을 봉안하고, 그에 맞춰 1759년에 조성한 삼신불화(보물 제1042호)를 후불벽에 모신 엄정한 규격을 갖춘 전각이다. 건물은 이것을 세운 시기보다 오래된 명품이 많아 빛이 가렸지만, 현재 통도사 성보박물관에 보관 중인 삼신불화는 이 유형을 대표하는 빼어난 작품이다. 또 전각 안에는 화재를 방지하기 위한 5언 4구의 시가 묵서墨書로 쓰여 있어 목조건축물을 잘 보존해야 했던 선인들의 고민과 바람을 살필 수 있다.

대광명전 앞에는 용화전이 있다. 용화전은 미륵전이다. 미륵이 화림원 용화수 아래에서 깨달음을 얻어 여는 새로운 불국세계가 용화세계龍華世界이다. 용화전 앞에는 봉발탑奉鉢塔(보물 제471호)이 있다. 석등과 비슷한 모양의 두툼한 대석 위에 큼지막한 발우鉢盂를 얹은 것이다. 탑이라기보다는 발우를 받들어 모신 조영물이다. 이 발우는 석가불의 부촉을 받은 가섭존자가 미륵불이 출세할 때 미륵불에게 전해주기 위해 갖고 있다는 가사袈裟와 발우를 상징한다. 이곳 용화전이 미륵세상의 현장이 될 것임을 증명하는 보기 드문 조영물인 것이다.

용화전 앞에는 관음전이 있다. 단정하고 깔끔한 관음전은 단청 또한 화려하지 않으면서 품격을 갖추고 있어 불이문에서 대웅전으로 가는 길목 대중들의 수많은 시선

통도사 용화전과 봉발탑

통도사 관음전 내부 그림

통도사 불이문 내부

통도사 영산전과 삼층석탑

여러 가지 벽화로 장엄한 통도사 영산전 내부

을 따스하게 받고 있다.

중로전으로 들어서는 문인 불이문은 넓게 열린 가운데 칸으로 영취산을 받아들여 대웅전을 맞이한다. 이곳에서 프레임을 구성하여 화면에 담는 것 또한 일품의 기념물이다. 천정의 들보를 양쪽에서 호랑이와 코끼리가 머리로 받치는 독특한 형상을 하고 있어 눈길을 끈다.

하로전은 천왕문(보물)을 지나 영산전을 중심으로 극락보전과 약사전이 좌우로 자리잡고 앞쪽으로 만세루가 있는 가운데 마당에 고려시대 삼층석탑(보물 제1471호)이 서 있는 형세다. 통도사에서는 이곳만이 사동중정형 구성을 보이고 있다. 중심 전각인 영산전(보물 제1826호)은 대웅전과 상응하여 영취산의 세존 설법처를 나타낸다. 정면 3칸 측면 2칸의 전각 내부에는 오른편인 동쪽에 석가모니불상을 봉안하고 정면에는 우리나라에서 가장 정형화된 뛰어난 팔상도(보물 제1041호) 그림을 봉안하여 석가의 생애 여덟 장면을 순례자들이 한눈에 보고 느끼도록 했다. 왼편 서쪽 벽면에는 『법화경』 견보탑품見寶塔品 내용대로 큰 탑을 그렸고, 나머지 벽면에는 석가의 자세한 생애와 이후 제자들의 전법 사실을 다룬 『석씨원류응화사적』의 내용에 따라 수많은 벽화를 그렸다. 현재 48점 정도가 남아 있는 영산전 벽화(보물 제1711호)는 전각에 이런 그림을 그린 예도 드물지만 그 솜씨도 빼어나 크게 주목받는 문화유산이다.

통도사 영산전의 법화경 보탑 벽화

극락보전의 좌우벽에는 신장상도 남아 있지만 후벽에는 중생들을 극락으로 인도하는 반야용선般若龍船이 색 바래가는 모습을 보이고 있다. 인로왕보살과 지장보살이 인도하는 배 안에는 합장한 사람들이 가득하다. 상투 틀고 갓 쓰고 비녀 꽂은 우리 보통 사람들이다. 반야용선 벽화는 천왕문을 들어서면 바로 눈에 띄도록 되어 있어, 우리들 보통 사람들도 극락으로 인도해 줄지 기원하여 사람들의 사랑을 한눈에 받아왔다. 일주문에서 들어서면 실제로 처음 만나는 벽화이다.

통도사 미타전 외벽의 반야용선 벽화

하로전에는 뒤쪽으로 영각 큰 건물이 있고, 아래쪽으로는 명월료와 금당 은당 등 요사채가 여럿 자리잡고 있다. 천왕문과 일주문 사이에도 육화료 등의 요사채가 있다. 통도사는 워낙 큰 절이고 강원 선원 율원을 다 갖춘 대표적인 총림이라서 많은 대중이 지내기 위해 요사채도 많다. 천왕문–불이문–대웅전으로 이어지는 축선 남쪽에는 화엄전 감로당 등 강원과 후원의 여러 건물이 지붕을 이어가며 줄지어 서 있다.

중로전의 대광명전이나 용화전, 하로전의 극락보전이나 약사전 등은 여느 절에서는 모두 중심이 될 전각들이다. 그런데 통도사에서는 이들이 한결같이 보조 불전의 위상을 갖는다. 진신사리를 모신 계단과 대웅전의 큰 위상에 보조적인 역할을 한다. 이렇게 통도사는 한국 또는 동아시아 불교신앙에서 거론되는 모든 신앙을 여러 전각에 담아낸 큰 융합성을 보여주고 있다. 이어 더하여 다른 절에서 보기 드문 또 하나의 전각이 천왕문 왼편에 자리잡은 가람각伽藍閣이다. 통도사 도량을 수호하는 가람신을 모신 단칸의 자그마한 전각이다. 대웅전 위쪽의 산신각 삼성각과 더불어 불교가 다른 신앙을 수용하여 융합한 면모를 드러내는 화합의 장이기도 하다.

이렇게 온갖 신앙을 다 담고 있는 삼로전을 내려와 일주문에 이른다. 보통 산사 순례는 일주문에서부터 중심 전각으로 들어가며 살펴보는 것이 순서이지만, 통도사의 다층적인 신앙과 전각 구성을 이해하기 위해서는 계단과 대웅전에서 일주문으로 내려오는 것이 좋다. 그렇게 중심 영역을 천천히 새겨본 후 마지막으로 근래에 세운 성보박물관으로 가는 길이 자연스럽다.

통도사 가람각

통도사 가람각 내부

성보박물관은 산사 박물관의 본보기가 되는 문화유산의 전당이다. 보존 유산 분량이 대단한 양이고 불화나 불상 공예품 등 유산 각각의 수준도 최고이다. 그래서 단지 통도사의 역사와 문화 뿐만 아니라 한국 불교문화의 전반적인 이해가 가능한 곳이고 보존과 연구 또한 뛰어난 수준을 자랑한다. 다만 전통 영역의 건물들이 바로 눈에 들어오는 위치에 서 있으면서 외관이 너무 장대하다. 오늘날의 새 유산을 짓는 모든 이들의 고민거리이기도 하지만,

통도사 불이문으로 내다보이는 대웅보전

봄날 수양매화가 반기는 통도사 일주문

현대적인 보존과 전시 기능을 갖추면서도 기존 가람의 면모와 조화를 이루는 건축물을 어떻게 구현할 것인지 두고두고 고민하게 하는 자리이다.

## 통도사의 세계유산적 가치

통도사는 646년에 자장이 한국에 계율戒律을 받아들여 창건한 산사이다. 이후 고려와 조선을 거쳐 현재까지 단절 없이 한국의 계율을 대표하는 산사의 위상을 갖는다. 통도사는 영취산 기슭의 양산천 상류 주변에 넓게 펼쳐진 평탄한 지형에 자리잡았다. 처음에 금강계단과 대웅보전이 있는 영역에서 창건되어, 점차 계류를 따라 동쪽 방향으로 터를 확장하였고, 17세기에 현재의 공간 구성 요소를 모두 갖추었다.

통도사는 종합 승원으로서의 특성을 가장 잘 갖추고 있다. 통도사는 승려와 불교 신도의 신앙과 수행과 생활 공간의 다양한 건축물들이 있다. 신앙 공간으로는 금강계단, 대웅전, 명부전, 응진전, 해장보각, 대광명전, 용화전, 관음전, 영산전, 극락보전, 약사전이 있다. 한국 산사의 대표적 속성인 토착신앙과의 융합을 보여주는 건축물로는 삼성각, 산령각, 가람각, 개산조당이 있고, 조사들을 기리는 영각이 있다. 대웅전은 금강계단과 짝하여 부처를 숭배하는 불보佛寶신앙의 원천이 되는 중요한 신앙의 전당으로서, 금강계단에 진신사리가 봉안된 것을 고려하여 불단에 불상을 봉안하지 않은 특이한 구조이다. 수행을 위한 공간 역시 다양하게 분포하고 있다. 7개 산사 중에서 통도사는 유일하게 수행 공간으로 선원, 강원, 율원을 모두 갖춘 총림叢林이다. 통도사의 선원은 보광선원, 강원은 설법전과 화엄전이며, 율원은 취운암에 있다.

종합 승원인 통도사에는 출가자와 신도의 생활공간도 다양하게 분포하고 있다. 정변전, 탑광실, 원주실, 육화당은 통도사 운영을 맡은 승려들의 생활 공간이며, 전향각, 대몽각, 한주실, 금당, 은당, 명월료, 곡루, 감로당은 승려와 신도들의 주거 공간이고, 이밖에 공양을 준비하기 위한 공간으로 공양간이 있다.

통도사는 금강계단이 특별한 의미를 갖는 산사이다. 계단은 출가자와 신도의 수계受戒의식이 이루어지는 의례 장소인데, 통도사 계단은 부처의 진신사리가 봉안된 금강계단으로서 부처 자체를 상징하는 신앙 공간이다. 수계는 계단이 마련된 다른 사찰에서도 거행되지만, 통도사의 금강계단은 수계 정신의 계승과 의식의 거행 면에서 정점에 있는 중요한 성지로서 한국불교의 정신성을 대표한다는 의미가 있다.

통도사 공간구성의 가장 큰 특징은 세 개의 구역으로 나눠진 삼원식三院式이라는 점이다. 세 구역은 자연 지형을 이용하여 낮은 단차를 두어 구분하였는데, 각 구역은 각각의 마당을 중심으로 독립적인 영역을 구성하고 있고, 각각의 신앙공간을 의미하는 삼로전으로 불린다. 각 구역의 마당은 독립적인 영역 구성이기는 하지만 구역 간의 폐쇄적인 경계를 설정하지 않아 마당을 통해 다른 구역으로 자연스럽게 옮겨갈 수 있는 개방성을 갖는다. 세 개의 마당은 독립성을 가지면서도 다른 공간으로 이어주는 연결고리로 작용하고 있다.

가장 안쪽 상로전은 금강계단과 대웅보전을 핵심으로 응진전과 명부전이 자리하고 있는 영역이다. 이 구역의 중심시설은 석가모니의 진신사리를 모신 불사리탑인 금강계단과 대웅보전이다. 대웅보전 내부에는 불상을 봉안하지 않고 불단만을 조성하고, 불단 너머 벽면을 개방하여 금강계단을 볼 수 있도록 한 점이 특징이다. 중로전 구역은 대광명전–용화전–관음전이 자리잡고 있는 영역이다. 이 구역의 중심건물은 비로자나, 노사나, 석가의 삼신불화를 봉안한 대광명전이다. 중로전은 대광명전의 화엄신앙, 용화전의 미륵신앙, 관음전의 관음신앙을 모두 포용한다. 하로전 구역은 영산전–극락보전–약사전–만세루가 자리잡은 영역이다. 영산전 안에는 석가모니의 생애를 그린 여러 장면의 벽화와 팔상도가 걸려 있다. 하로전 또한 석가신앙, 미타신앙, 약사신앙의 여러 신앙을 포용하고 있다.

통도사 개산대재 © 산사세계유산등재추진위원회

통도사의 주목할 만한 의례로는 개산대재開山大齋가 있다. 창건주 자장율사가 계단을 건립하고 절을 창건한 사실을 기리고 이를 후학들이 길이 계승할 것을 다짐하는 특징적인 의례이다. 한국 산사의 의의를 가장 잘 나타내는 행사로서, 매년 음력 9월 9일에 5일간 매우 성대하게 개최한다.

## 통도사의 역사

통도사는 646년에 자장율사가 창건하였다. 자장은 신라 불교를 계율을 바탕으로 이끌기 위해 통도사에 금강계단을 설치하고, 계단에 석가의 진신사리를 봉안하여 신

통도사 국장생석표

라불교의 구심점으로 삼았다. 이후 통도사 계단은 한국불교의 정신성을 상징하는 신앙의 중심이 되었다. 고려시대에 통도사는 계단 구역과 따로 영산전 영역이 구성되었다. 1085년(고려 선종 2)에 둘레 4만 7천보 규모의 사역을 중심으로 사방 12곳에 국장생석표國長生石標를 세워 국가 지정으로 사찰 관할 영역의 경계를 표시하고 풍수와 재해 방지를 꾀했는데, 지금도 석표의 일부가 남아 전한다(보물 제74호). 14세기에 통도사는 대사찰을 이루어 현재 통도사 구성의 기틀을 완성하였다. 통도사는 조선전기인 15세기에 불교 교단을 정비하여 국가 인정 사찰을 축소해 갈 때 복을 비는 사찰[資福寺]의 하나로 국가적으로 인정받아 사세를 유지하였다. 1592년 임진왜란 때에 통도사 진신 사리는 피난길에 올랐고, 대웅전이 불타는 피해를 입었다.

17세기에 통도사의 중건이 이루어졌다. 대웅전이 1645년에 중건된 이후 계속해서 본격적인 중창 사업이 이루어졌다. 1705년에 성능은 계단과 석단을 중수하였고, 18세기 전반에 영산전, 관음전, 대광명전을 중건하였으며, 18세기 후반에 일로향각, 전향각, 응향각을 나란히 창건하였다. 이로써 대웅전 일원의 상로전, 대광명전 일원의 중로전, 영산전 일원의 하로전으로 이루어진 삼로전 구성이 완성되었다. 이후 20세기에 이르기까지 통도사는 큰 변화가 없었다. 이후 여러 전각의 보수가 이어졌고, 현재에 이르기까지 각 전각의 보수는 체계적으로 이루어지고 있다.

통도사 건축물의 유지를 위한 공사는 지속적으로 시행되었다. 신앙의 중심을 이루는 금강계단과 대웅보전의 중수가 가장 많이 이루어졌고, 그밖의 주요 전각들에 대한 보수도 계속 이어졌다. 금강계단은 646년 통도사의 창건시에 조성한 것이다. 『삼국유사』(전후소장사리조)에는 1235년에 상장군 김이생과 시랑 유석이 통도사 사리를 참배했고 원 간섭기(1264) 이래 원나라 사신과 고려 사신들이 끊임없이 사리를 보고 예경했다고 기록하고 있어, 고려시대에도 통도사 금강계단의 사리숭배 신앙은 지속되었음을 알 수 있다. 이는 불교계가 위축되던 조선시대에도 변함없이 이어졌다. 임진왜란 때에 통도사의 대웅보전이 소실되고 금강계단이 피해를 입자, 당시 승병을 이끌던 사명대사는 통도사 사리를 피난시켜 안전한 보존을 모색하여 금강산에 가져갔다가 결국 다시 통도사에 봉안하였다(1705, 『사바교주계단원류강요록娑婆教主戒壇源流綱要錄』). 1603년에 의령儀靈이 일단 중수하였고(1934, 『불종찰약사』) 1642년에 『통도사사적약록通度寺事蹟略錄』을 편찬하여 자장 창건 이래의 사적을 정비하였다. 1652년에 정인淨仁 등이 전란으로 피해를 입은 금강계단을 원모습대로 복원하였고(1705, 『사바교주계단원류강요록』), 1705년에 성능이 금강계단을 중수하고 이를 『석가여래영골사리부도비釋迦如來靈骨舍利浮圖碑』에 기록하였다. 이후에도 금강계단 중수는 계속 이어져, 1743년에 산중 대덕들이 금강계단을 중수하였고(1934, 『불종찰약사』), 1823년에 홍명鴻溟장로가 금강계단을 중수하였으며, 1872년에 구봉九鳳화상이 금강계단을 중수하였고(1934, 『불종찰약사』), 1912년에도 금강계단을 중수하였다(1912, 통도사금강계단중수보조기 현판).

통도사: 경남 양산시 하북면 통도사로 108

홈페이지: http://www.tongdosa.or.kr

# 浮石寺

# 2 부석사

산사의 경관 부석사

부석사의 세계유산적 가치

부석사의 역사

# 산사의 경관 부석사

부석사는 경사진 국면을 빼어난 경관으로 구성한 우리나라 산사의 가장 아름다운 절로 손꼽힌다. 절 어귀에서부터 가파른 길을 오르면 장대한 축대를 몇 차례 스치고 한참 만에 안양문安養門을 나서서 무량수전無量壽殿과 석등石燈의 넉넉한 마당을 만난다. 그 자리에서 발길을 돌리면 펼쳐지는 백두대간의 굽이굽이 파노라마. 눈 아래 넘실대며 아스라이 번어가는 산과 골의 멋진 광경이 산사의 구조물을 압도하며 자연의 위대함을 무언으로 내보여준다.

부석사가 아니라도 산에 오르다 보면 내개 가장 알맞은 자리에 가장 적절한 모양새로 자리잡은 산사를 만나게 된다. 그저 마음 편하게 가벼운 걸음걸이로 절을 찾기도 하고 혹은 세파에 찌든 심신을 잠시 쉬고자 산사를 찾기도 한다. 아무 생각 없이 산길을 따라 나서도 산사 하나쯤은 만나기 마련이다. 그래서 산의 사철 모습이 다르듯이 절의 정경도 철 따라 달라진다.

태백산 자락을 길게 배경으로 두르고 자리잡은 부석사가 꼭 그렇다. 연둣빛 여린 싹이 돋는 봄의 산사에서는 포근함 속에 움트는 생명력을 듣는다. 마침 절 어귀에서부터 여기저기 펼쳐진 사과밭에 흰 사과꽃이라도 필 양이면 꽃다운 생명의 힘은 더욱 좋기만 하다. 그러면 일주문부터 싱그러운 내음과 함께 산사 나들이를 시작한다.

회전문에서 바라본 부석사 전경

그리고 쳐다보기만 해도 마음이 푸근해지는 품격 높은 무량수전 마당에서 시원한 안양루를 곁에 두고 연초록빛 파도가 일렁이는 장관에 눈을 맡긴다. 마음이 비어 있을수록 광활한 초록 파도는 깊이 다가온다. 고운 맵시의 석등에 내려앉은 이끼의 초록도 새삼 다정하다.

여름이 되면 산사는 이마에 맺히는 땀과 동무가 된다. 아래에서 올려다보는 장대한 무량수전 석단石壇은 아득하기만 한데 무겁게 옮기는 발걸음은 수각의 물 한 모금에 겨우 생기를 되찾는다. 여름날의 무량수전 마당도 역시 시원하다. 그러나 삼층석탑을 돌아 산죽山竹의 푸름을 만지며 조사당祖師堂에 올라서야 여름 산사 맛이 난다. 작지만 기품 있는 조사당의 정감이 운치를 더한다. 인적이 뜸한 조사당 작은 방 앞에

부석사 가람배치 © 산사세계유산등재추진위원회





잠시 다리를 푼다. 평생 동안 청정한 수도자의 삶을 살았던 의상대사의 인상과는 다소 다른 텁텁한 인상의 의상대사상이 편안하게 순례객을 맞는다. 그리고 잠깐의 여

부석사 당간지주

유 시간. 더위는 모두 가시고 어디서 온지 모르는 큰 울림이 마음에 남는다.

가을은 온 나라가 예쁘지 않은 곳이 없다. 부석사의 전경도 역시 단풍이 으뜸이다. 무량수전을 가운데 두고 위로는 봉황산 자락의 단풍이 화려하고 아래로는 여러 가지 화초가 곱게 물들어 한 장의 근사한 풍경을 이룬다. 물론 주인공은 그 정경을 그대로 마음에 담아오는 순례자 몫이다. 따가운 볕이 따스하게 느껴질 무렵 무량수전 오른쪽 등성이에 올라 석탑 곁에서 잠시 해바라기를 한다. 시원한 바람결에 가람을 온통 휘젓고 다닌 터라 앉은 채로 깜빡 졸음이 찾아든다. 의상대사와 선묘善妙낭자를 따라 중국에도 갔다 오고, 법당 안에 앉은 인자한 아미타상과 무언의 대화도 나눈다. 가을날 오후의 절마당은 그런 맛이 있다. 싱싱한 부석 사과가 입 안에 들어오면 금상첨화다.

평평 쏟아지는 눈 속에 발이 푹푹 잠기는 겨울 절마당은 그저 좋다. 온산이 흰눈

부석사 회전문

에 쌓여도 이리저리 고갯짓하며 눈을 털어낸 소나무는 더욱 청청한 푸르름을 자랑한다. 눈을 가득 이고 있는 무량수전 법당은 배흘림기둥이라야 잘 견딜 것 같다. 온통 흰색으로 뒤덮인 속에 드문드문 배어나는 나뭇결의 깊은 색조와 소나무의 푸르름. 코끝에 스치는 차가운 바람이 아니라도 순례자의 머릿속 저 깊은 곳까지 스며든 맑은 기운이 정신을 일깨운다. 청랭淸冷한 겨울 산사만이 주는 또 다른 맛이다.

산사의 사철이 다 그렇지만 유독 부석사의 사철을 그려본 이유는 그만큼 부석사의 경관이 혼자 느끼기엔 아깝기 때문이다. 부석사의 주산은 태백산이 서남으로 백리쯤 내려와 소백산으로 가기 전에 마련한 봉황산鳳凰山(해발 822m)이다. 이 봉황산 밑에 가지와 줄기를 통해 뻗어온 정기가 모인 곳이 부석사 터다. 봉황산은 위엄을 갖추면서도 온화하고 포근함을 함께 갖추고 있다.

부석사 터 중에서 생기가 가장 집중된 혈처穴處가 무량수전 자리라고 풍수에서는 해석한다. 무량수전 자리의 형세는 소쿠리 모양으로 우묵하게 들어간 자리라서 아래쪽에서는 무량수전이 잘 보이지 않는다. 우묵한 자리지만 열려 있는 형국인지라 앞쪽으로 안산이 낮게 위치하고 멀리 조산의 연맥들이 일망무제로 펼쳐지는 것이다. 경내 공간은 편안한 느낌이지만 무량수전 마당에서 바라보는 전망은 호쾌하고 웅장하다. 이 자리에서 멀리 앞산이 거듭 포개지며 각각의 방향으로 겹겹의 능선을 이루는 산세가 펼쳐진다. 그 각도와 조화시키려는 순리를 따라 부석사 건물을 세우는 석축들은 각기 다른 각도로 자연스런 축을 구성했다고 해석하기도 한다. 풍수에서 부석사 터는 봉황이 알을 품고 있는 봉황포란형鳳凰抱卵形이라 하는데, 봉황의 알은 발치에 낮게 깔린 안산이라고 한다.

부석사는 676년에 신라 화엄종의 개창자 의상義相대사가 왕명에 의해 창건한 유서 깊은 절이다. 『삼국사기』에도 이런 기록을 수록하고 있어, 부석사는 일찍부터 창건연도가 분명하게 전승된 몇 안 되는 절 중의 하나로 꼽힌다. 그런데 의상 당시에는 이곳에 초려草廬를 만들어 제자들과 화엄을 연마했다고 하기도 하므로 대규모의 절부터 시작한 것은 아닌 듯하다. 아마도 무량수전보다 윗등인 조사당 자리쯤에서 소박하게 시작했을 수도 있고, 무량수전이 가장 중요한 터전이니 이곳에서 무량수불을 모시고 시작했을 수도 있다. 무량수전 마당을 만든 대석단大石壇을 7세기로 보기도 하고 9세기 무렵으로 보기도 하니, 이 무량수전 자리에서 가람 구성이 비롯되었는지, 아니면 점차 확장하여 지금의 형세를 이룩했는지 사실은 그때 살던 이들만이 알 수 있을까.

부석사를 찾는 길은 어귀에서 시작하여 근래에 세운 일주문을 지나 천왕문 못 미쳐 당간지주(보물 제255호)가 있는 곳에서 긴 역사의 실마리를 찾기 시작한다. 사람 키의 두 배가 넘는 큰 부석사 당간지주는 오래된 고식을 보여주고 있다. 이로보면 창건

부석사 범종루

무렵부터 현재의 전체적인 사역 구성이 뼈대를 갖추었다고 짐작할 수도 있다.

의상은 좋은 가문에서 태어나 중국에 가서 당시 가장 선진적인 화엄華嚴사상을 배워온 신지식인이었다. 유학승들이 본국에 돌아오면 으레 왕경인 경주의 큰 절에서 활동하기 마련이었지만 의상은 반대로 서울에서 멀리 떨어진 변방에서 불법을 펼칠 좋은 곳을 찾아 몇 년 동안 돌아다녔다. 그리고 정착한 곳이 부석사였다. 의상은 그의 위상을 존중한 왕이 주겠다는 거대한 토지도 노비도 받지 않고 태백산 줄기 아래 간소한 자리를 마련하고 수행과 전도에만 열중했다.

의상이 공부한 화엄은 하나하나가 모여 전체를 이룬다는 연기緣起의 논리를 중심으로 한다. 바람직한 전체를 이루려면 이를 구성하는 하나하나의 작은 구성원의 동질성과 독자성이 확립되어야 한다. 삼국이 하나로 통합되어 새로운 세상을 열어가야 했던 당시에 구성원의 동등함을 강조하는 논리는 사회 안정에 매우 적절한 논리였다. 서울 경주에서 멀리 떨어진 산중이었지만 이곳까지 찾아든 제자들은 화엄을 열

부석사 안양루와 무량수전

심히 배워 곳곳으로 퍼져 나가 터전을 확장해 나갔다. 그래서 신라말에는 큰 산사의 상당수가 의상의 후예들이 세운 결과가 되었다. 당연히 부석사는 그런 화엄 사찰의 본가인 종찰宗刹이었다.

천왕문을 지나 더 가파르게 계단을 오르면 최근에 복원한 회전문回轉門에 이른다. 부석사가 산사의 문을 열면서 도심 사찰과는 다르게 회랑回廊으로 사역을 구분하지 않고 산으로 통하도록 개방적으로 구성했는데, 이 문 주변만 회랑과 비슷한 자취를 남긴 셈이다.

이곳에서 왼편으로 몇 걸음 옮기면 다단계로 나뉜 석단으로 경사진 사역을 쌓은 부석사의 독특한 경관이 한눈에 잡힌다. 진입로 양편에 자리잡은 삼층석탑은 본래부터 있던 것이 아니고 근래에 부석사 언덕 너머 약사골에서 옮겨 보존하고 있는 것들이다. 그리고 만나는 첫 번째 누각 범종루梵鍾樓는 정면과 배면의 모양새가 다른 특이한 건물이다. 앞쪽은 팔작지붕, 뒤쪽은 맞배지붕으로 서로 다르게 구성한 누각 위에는 날마다 예불할 때 쓰는 북 목어 운판 범종의 사물四物을 놓아 두었다.

범종루를 나서면 취현암翠玄庵과 응향각凝香閣이 있는 석단을 지나 장경각藏經閣을 건너보며 진입 축선이 지세를 따라 자연스레 방향을 바꾸어 안양루 밑에 이른다. 장경각에는 조사당에 있던 고려시대 조사당 벽화(국보 제46호) 6폭을 보존하고 있다가 새로 세운 성보박물관으로 옮겼고, 고려 때 화엄을 펴기 위해 새긴 화엄경판(보물 제735호)을 보관하고 있다.

수각이 있는 이 자리에는 지금은 없지만 본래 법당이 있었다고 한다. 석등과 괘불대 부재가 남아 있으며 터 또한 건물을 수용하기에 충분하므로 그런 추정이 가능하다. 영주 지역의 역사를 기록한 『순흥지順興誌』에는 안양문 앞에 법당이 있고, 법당 좌우에 선당과 승당이 있으며, 그 앞에 종각이 있고, 다시 그 아래로 회전문과 조계문에 이른다고 하였다. 18세기에는 이 터에 법당과 좌우 건물이 나란히 자리잡고 있었던 것을 알 수 있다.

부석사의 전체 구상은 회전문에서 범종루를 지나 이곳 법당터에 이르는 축선과, 여기서 30도 꺾여 안양루를 통해 무량수전에 이르는 두 개의 축선 공간으로 이루어진다. 그리고 거기에는 지세와 전망을 고려한 치밀한 건축적 의도가 깃들어 있다고 한다. 부석사의 제일경은 이곳 수각 언저리에서 안양루와 무량수전을 한눈에 담아내는 광경이다. 뒷산 자락과 맞춤으로 날아갈 듯 자리잡은 두 건물의 우아한 품새가 일품이다. 지금 본절 영역에서 오른편에 있는 지장전쪽에서 바라보면 안양루와 무량수전이 정면으로 드러나 범종루쪽 진입 시선과는 다른 느낌으로 눈길을 끈다.

안양安養은 극락의 다른 이름이다. 이렇게 이름 붙인 안양루는 이곳이 무량수불이 주재하는 무량수전의 극락으로 인도하는 관문임을 먼저 알려주고 있다. 멀리서 다가서며 바라보는 안양루의 날아갈 듯한 자세는 무량수전 마당의 끝에 걸친 위치 때문에 더욱 살아난다. 그보다는 안양루 마지막 계단을 몇 개 앞둔 자리가 포인트다.

부석사 무량수전 마당

부석사 무량수전 앞 석등

여기 이르러서야 비로소 본당 무량수전과 석등이 얼굴을 보이기 시작하기 때문이다. 누각을 벗어나 석등의 우아한 자태를 바라보며 눈길을 돌리면 그제서야 부석사의 백미로 꼽히는 유장하면서도 호쾌한 전망이 너른 팔을 벌려 맞이한다. 힘들여 높은 석단을 오른 수고로움이 이 순간 눈 녹듯 사라지고 감탄사만 남는 순간이다. 필설로 풀어내기 힘든 광경은 그대로 열린 가슴으로 받아들일 뿐이다.

1644년에 안양루를 중창하면서 지은 시는

이런 생각은 고금의 느낌이 같았음을 확인해준다.

| | |
|---|---|
| 안개 끼고 서리 내린 가을 | 烟鎖秋霜 |
| 밝은 달은 하늘에 떠 있어 | 皓月浮空 |
| 날개 돋아 신선이 된 듯하고 | 有羽化而登仙趣 |
| 천리나 되는 길에 | 爲路千里 |
| 머리는 푸른 하늘 위에 있어 | 頭出穹蒼 |
| 하늘에 올라 별을 가리키는 듯하구나 | 有昇天而指星趣 |

한동안 해방감을 즐기고 나서, 기분을 가라앉히고 무량수전(국보 제18호)에 들어간다. 13세기에 처음 지은 것으로 추정되는 무량수전은 부석사의 중심건물이다. 그 우아한 아름다움은 우리나라 건축물 중 가장 아름다운 것으로 첫손 꼽힌다. 그것은 배흘림기둥과 서까래의 빼어난 조화로 만든 날아갈 듯 유려한 맵시에도 있지만, 뒷능선과 지붕이 만들어내는 곡선이 자연과 더불어 살고 있는 우리 건축의 정신을 가장 잘 구현하고 있기 때문일 것이다.

무량수전은 정면 5칸, 측면 3칸 규모의 건물이다. 기둥 위에만 공포를 설치하는 주심포柱心包 건축으로 고려시대 주심포 형식의 전형이지만, 그런 건축 중에서는 유일한 팔작지붕 건물이다. 건축사적으로 무량수전은 주심포 건축 원칙을 고수하면서 중국 북방식과 남방식 건축 양식을 혼합하여 새로운 절충양식을 완성한 매우 중요한 의미를 갖는 건물이다. 동아시아 목조건축의 발달과정을 설명하는데 중요한 가치를 갖는 보기 드문 존재인 것이다.

무량수전 내부는 지금은 마루를 덮었지만 본래는 유약을 입힌 전돌을 깔았었다. 내부의 경관은 들보와 서까래를 비롯한 부재가 다 드러나는 웅장한 모습인데 무엇보

부석사 무량수전

부석사 무량수전 내부 아미타불상

다 단독상 소조 아미타불좌상(국보 제45호)이 건물 정방향이 아닌 왼편에 좌정해 있는 것이 특징이다. 이것은 창건조 의상의 뜻에 따라 구성한 것이라고 그의 후예들은 밝혔다. 무량수전은 극락전과 같이 아미타불이 주불인 법당이고, 아미타불은 서방 극락세계의 주재자이니 서쪽에 위치한다. 그래서 부석사 무량수전에서 기도하는 이들은 자연스레 동쪽에서 서쪽 아미타불을 향해 예를 올리게 된다. 구성이 독특한 것도 주목거리지만 옛 스승의 뜻을 따르고 있다는 계승 정신도 돋보이는 현장이다. 아미타불좌상은 흙으로 빚어 금을 입힌 소조塑造이다. 장대한 불상이 앉은 불단 아래에는 창건 시기에

부석사 부석

사용했던 대좌 형식이 남아 있다. 이 대좌 양식은 왕실 건축에 사용한 유약 입힌 전돌과 함께 7세기 무렵의 부석사 창건을 입증하는 요소로 꼽히기도 한다.

무량수전에 이르는 석단石壇은 크게 보면 3단이고 그 단은 또 각각 세 개씩 작은 석단으로 이루어져 있어 전체로는 9단을 이루고 있다. 그래서 이 9단은 마치 극락에 왕생하기 위한 수행자의 자격을 아홉 단계로 나누는 것에 착안하여 9품 미타도량으로 해석하기도 한다. 본래 9품은 단계적으로 상승하는 것이 아닌 아홉 가지 자격 구분이지만, 마치 차례차례 상승하는 것과 같다고 여긴 해석이다. 한편으로는 열 개 석단으로 보고, 화엄 보살도의 중심 수행 단계인 십지十地에 연결하여 해석하기도 한다. 십지 또한 첫 단계인 초지에서 바로 깨달음에 이르므로 단계적으로 상승하는 수행의 의미는 아니다. 이런 해석은 모두 부석사의 다단 석단이 갖는 상징성을 교리적으로 해석하려는 시도들이다. 아마 경사진 지형을 살리면서 가람을 구성하다 보니

부석사 선묘각

공민왕 친필이라고 전승되는 부석사 무량수전 현판

자연스럽게 3단이 또 각 3단으로 나뉘는 입지가 되었을 것이다. 창건조 의상이 이끈 화엄의 엄격한 수행과 사상성의 강조에 따라 부석사 석단을 풀어보고자 이런 해석을 떠올리는 것이다.

무량수전 마당에는 이와는 다른 의미의 전승도 살아 있다. 무량수전 왼편 뒷능선 쪽으로 집채만한 큰바위가 몇 개 맞물려 있다. 얼른 보면 큰바위 하나가 공중에 떠 있는 것처럼 보이기도 해서 뜬바위 곧 부석浮石이라 하니, 이것이 바로 절 이름의 유래가 되었다. 의상이 처음 절을 지을 때 못된 무리들이 이를 방해하자, 바위가 공중에 붕 떠서 놀라게 하는 장면을 연출해서 방해꾼들을 내쫓고 절을 짓게 되었다고 한다. 그리고 그 연출의 주인공은 선묘善妙라는 이름의 아리따운 아가씨였다.

본래 선묘는 의상이 중국에 공부하러 가서 배를 내린 고을의 수령 따님이었다. 한

부석사 옛 축화전인 삼성각

눈에 이국의 지체 높은 집안 출신 귀공자에 반했지만 의상은 눈길 한번 주지 않고 멀리 장안으로 떠나고 말았다. 선묘는 낙심하지 않고 의상이 공부하는 10년 내내 옷가지며 여러 필요한 것들을 챙겨 보냈다. 의상이 공부를 마치고 귀국한다는 소식을 들었지만 의상은 끝내 기척 한번 주지 않고 신라로 돌아가기 위해 배를 타고 있었다. 이 모습을 본 선묘는 곧장 바다에 뛰어들었다. 황해바다의 거친 파도를 안전하게 건너 신라에 잘 돌아가도록 지켜주고픈 마음에서였다. 그렇게 의상은 무사히 신라에 돌아왔다. 그리고 신라와 고구려와 백제 땅이 겹치는 소백산 자락의 터를 점찍고 불법을 펼칠 절을 짓고자 했다. 그 방해꾼들을 선묘가 부석으로 변해 도와주고 의상이 무사히 부석사를 짓게 되었다는 것이다.

선묘설화는 부석사가 제대로 터를 잡자 선묘가 마지막으로 도량을 길이길이 수호하기 위해 석룡石龍이 되어 절마당 깊숙이 들어가 자리잡았다고까지 전한다. 몇 해

부석사 삼층석탑에서 내려다보는 전망

전 지하탐사를 해 보았더니 실제로 무량수전 자리에서 석등 쪽으로 지하에 용과 같이 구부러진 석재가 벋어있는 것을 확인했다고 한다. 언제부터인가 부석 맞은편인 무량수전 오른쪽 언덕배기에는 자그마한 선묘각善妙閣을 세우고 선묘상을 안치하여 그 숭고한 넋을 기리고 있다. 부석사는 경사면에 자연과 조화를 이루는 경관을 조성하고 가람 구성에 사상성을 부여했는데, 이처럼 애틋한 이야기도 담고 있는 스토리의 전당이기도 한 것이다.

명품 무량수전의 현판은 홍건적의 난을 피해 안동에 갔던 공민왕의 글씨라 전한다. 요즘은 모서리 배흘림기둥이 더 유명한 무량수전 앞에는 석등石燈 중에 가장 아름다운 석등(국보 제17호)이 서 있다. 대석과 화사석과 옥개석이 적절한 비례로 빼어

부석사 조사당

부석사 조사당 내부 의상대사상

난 조형미를 보여주는 작품이다. 화창이 없는 나머지 면에 새긴 보살상이 온화한 미소로 찾는 이를 반긴다. 석등 앞에는 향로를 놓고 향을 올리던 봉로석奉爐石이 갖춤으로 함께 자리잡고 있다.

부석 아래쪽에 아담한 삼성각이 자리잡고 있는데, 이 건물은 본래 축화전祝華殿이라 하여 왕실을 위한 기도를 올리던 왕실신앙의 자리이다. 그래서 건물의 생김새가 아름답고 화려한 문살 등 장식을 한껏 부린 모습이다. 곳곳에 서린 왕실의 불교신앙의 자취가 서린 유적이다.

부석사 본당인 무량수전 마당에는 탑이 없고 대신 마당에서 비껴서 오른편 자락에 삼층석탑(보물 제249호)이 서 있다. 아마도 지리적인 의미를 담아 독특한 자리를 배려한 것일 것이다. 의상의 제자들은 앞마당에 탑이 없는 것이, 아미타불상이 열반에 들지 않고 항상 이 자리에 함께하므로 열반 후 얻은 사리를 봉안하는 탑이 필요 없다고 했던 의상의 뜻을 이어온 것으로 알고 있었다. 이 또한 가람 구성의 바탕에 사상성이 자리잡고 있음을 말하고 있다.

석탑 옆으로 잠시 숲 사이로 오르막길을 오르면 단정하고 고색창연한 조사당祖師堂(국보 제19호)이 나타난다. 창건조 의상을 기리는 건물이다. 건물을 수리하다 나온 묵서명 기록에서 1377년(우왕 3년)에 건립했음을 알게 된 유서 깊은 건물이다. 안에는 자그마한 소조 의상대사상과 조사 관련 불화 몇 폭이 삼면에 걸려 있다. 의상대사상은 근래의 채색이 덧붙여져 청정한 수행자의 전형으로 꼽을 의상의 이미지와는 사뭇 다른 느낌이다. 이 또한 이 상을 만들 당시의 의식을 반영하는 유물이라고 해야겠다. 의상의 상을 만들려면 여러 전기 자료에 철저한 청정 수행에 매진했다고 기록된 의상의 정신성을 꼼꼼히 살펴본 후에 조성했더라면 좋았을 것이다.

본래 조사당 안벽에는 두 보살상과 사천왕상 등 모두 6면의 고려시대 벽화가 남아 있었다.(국보 제46호) 지금은 성보박물관에 따로 보존하고 있는데, 많이 손상되기는 했지만 고려 벽화의 생동감있는 면모를 보여주는 희귀한 유산이다.

조사당 처마 밑에 쇠창살 속에 꽃나무가 자리잡고 있다. 이 나무는 골담초인데, 선비화禪扉花라고도 한다. 여기에는 의상대사가 부석사를 나서면서 지팡이를 땅에 꽂더니, 이것이 살아 있으면 내가 살아 있고, 죽으면 내가 죽은 것이라고 했다는 얘기가 전해 온다. 지팡이는 자라서 해마다 꽃을 피우고 푸른 잎을 자랑한다. 그래서 부석사를 찾았던 퇴계退溪 이황李滉 선생이 이를 두고 시를 짓기도 했다.

옥인 양 빽빽하게 절 문에 기대어 서 있는데　擢玉森森倚寺門
스님은 의상대사 지팡이가 변한 것이라 하네　僧言卓錫化靈根
지팡이 머리에 저절로 조계수 있어　杖頭自有漕溪水
천지간 비와 이슬 은택 빌리지 않네　不借乾坤雨露恩

부석사 단하각 나한상

이런 비사실적인 전승 때문에 생긴 일도 많았던 모양이다. 경상감사하던 이가 이 신비한 나무로 지팡이를 만들겠다고 잘라 갔다. 나무는 다시 전처럼 자라 푸르름을 자랑했으나 베어 간 사람은 화를 당했다. 이 이야기는 『택리지』에 실려 있다. 지금도 많은 사람들의 손을 타서 보호를 위해 하는 수 없이 철망을 두를 수밖에 없다고 한다.

조사당에서 좀더 발길을 올리면 산비탈쪽으로 단하각丹霞閣이 있고 이어 응진전應眞殿과 자인당慈仁堂에 닿는다. 앙증맞은 크기의 단하각에는 작은 나한상 한 분을 모셔 색다른 분위기를 연출한다. 자인당에는 인근에서 옮겨온 신라말 석조불상 세 구를 봉안하고 있다.

발길을 돌려 내려오는 길은 부석사의 좋은 기억을 되살리기 좋은 경관을 만난다. 사철 좋다지만 가장 따스한 부석사의 모습은 가을날의 석양 무렵이 아닐까. 오후 햇살이 비낄 때쯤 절문에 들어서서 느긋하게 경내를 돌아본다. 석단의 이모저모도 살펴보며 범종루를 지나다 미처 나서기 전에 나무 계단을 네모틀로 삼아 무량수전과 안양루를 화면에 담는다. 천천히 걸음을 옮겨 안양루를 지나 다시 안양루를 틀로 삼

석양 무렵의 부석사에 펼쳐지는 백두대간의 산줄기

부석사 안양루의 열린 전망

아 우리나라에서 가장 멋진 석등과 무량수전 추녀를 한눈에 담는다. 무량수전 마당에서는 부석의 기묘한 생김새를 두고 선묘각에 어린 여인의 감정과 수행승의 구도심을 생각해본다.

해가 잠시 기울 때쯤 발길을 삼층석탑 곁에 머물게 하고 눈 아래 웅장하게 펼쳐지는 파노라마를 마음에 새긴다. 운이 좋으면 바로 그때쯤 사물의 향연이 시작될 것이다. 저녁 예불 때가 되어 세상에서 가장 멋있는 북소리가 백두대간 골골마다 길게 길게 벋어나가는 운치를 맛볼 수 있다. 법고와 목어와 운판을 차례로 거쳐 범종이 울리면 눈길은 무량수전 안으로 향한다. 은은한 조명 아래 향연香煙에 싸인 아미타상이 공중에 떠 있는 듯 다가온다. 가슴 깊이 울리는 종소리와 당당하면서 인자한 불상의 성스러움이 한순간에 절묘하게 어울린다. 그때 산마루 너머 서쪽 하늘은 붉고 푸른 빛으로 곱게 물들어 있다. 극락의 전당 무량수전 마당에서 빛과 소리와 향기가 이루어낸 이 세상의 너무도 아름다운 광경이다. 산세와 절터와 가람구성과 신앙이 한데 어울린 산사의 참모습이 바로 이런 것임을 확인하는 꿈같은 순간이 될 것이다.

## 부석사의 세계유산적 가치

부석사는 676년에 신라 화엄종의 개창자 의상義相이 창건하였다. 이후 고려와 조선을 거쳐 현재에 이르기까지 단절 없이 한국불교의 미타신앙을 대표하는 산사의 위상을 유지하고 있다. 주불전인 무량수전 내부에 봉안된 아미타불상은 서방세계에 있는 아미타불을 의도하여 불상이 건물의 주 방향인 남향이 아닌 동향으로 자리 잡게 했다. 이는 부석사가 미타신앙을 중심 교리로 삼고 이를 가람 구성에 구현한 의미를 갖는다. 무량수전 마당에 석탑을 세우지 않고 석등과 봉로석을 세운 것은 무량수전에 예경하는 신앙의 진정성을 증명하고 있다. 무량수전은 13세기에 건립된 것으로 한국에서 가장 오래된 건축물 중의 하나이며, 중국 북방과 남방 건축 양식이 모두 나타나는 독특한 유산으로서 동아시아 목조건축의 발달과정을 설명하는데 중요한 가치를 갖는 동시에 아름다운 건축미를 자랑하는 유산이다. 부석사는 봉황산 기슭의 비교적 경사가 급한 지형에 자리잡아 다른 산사와 달리 개울과 거리가 있다. 무량수전 영역에 중심 입지를 확보하고 아래쪽으로 경사지를 따라 축대를 쌓고 건물을 건립하였다. 창건에서 멀지 않은 9세기에 현재의 공간 구성 요소가 갖추어져 고려와 조선시대

무량수전 옆에서 안양루 아래로 펼쳐진 전망

에도 그 틀을 유지했고, 임진왜란에도 큰 피해를 입지 않고 공간 구조를 지속적으로 유지했다.

부석사는 종합 승원으로서 출가자와 신도들의 신앙과 수행과 생활을 위한 다양한 건축물을 갖추고 있다. 신앙 공간으로는 무량수전, 지장전, 자인당, 응진전이 있다. 한국 산사의 대표적 속성인 융합신앙을 보여주는 건축물로는 삼성각, 단하각, 조사당, 선묘각이 있다. 조사당은 창건조 의상대사를 기리는 건물이며, 선묘각은 의상이 부석사를 창건할 때 이를 도왔다고 전하는 낭자 선묘의 초상을 봉안한 건물로서 융합적 신앙의 좋은 사례가 된다. 수행 공간으로는 선 수행을 위한 선방이 있다. 출가자와 신도들을 위한 생활공간으로는 원주실, 종무소, 요사채가 있다.

안양루와 무량수전의 중심축에서 벋은 방향

부석사 공간 구성의 특징은 일주문–천왕문–회전문을 지나 범종각–중정–안양루로 이어지는 축선의 마디마디에 축대를 쌓아 공간을 마련하고 건물을 구성한 데 있다. 사찰의 중심 영역인 무량수전에 오르기까지 자연 지세를 따라 여러 층단을 구성하였는데, 이는 극락세계에 왕생하는 신앙인들의 부류나 화엄 보살도 수행의 상징으로 해석되기도 한다.

부석사는 창건 이래 지금까지 출가자와 신도들이 모아 이룬 승가공동체의 지속성을 유지해 왔다. 이를 증거하는 것이 창건조사 의상대사를 기리며 그의 화엄사상을 계승하기 위해 매년 삼월 삼짇날에 거행하는 의상대재義相大齋이다. 무량수전에서 법회를 열고 의상대사상을 봉안한 조사당에서 다례를 올린다. 다례 후에는 부석사에서 제작 보관하고 있는 화엄경 경판을 머리에 이고, 승려와 신도들이 함께 법당 앞마당에 그려놓은 법계도法界圖를 따라 돌며 법성게法性偈를 염송하는 사상성이 짙은 종교축제이다.

### 부석사의 역사

부석사는 의상이 676년에 신라 화엄종을 개창하고 미타신앙을 널리 펼 수 있는 사찰로 무량수전을 중심으로 부석사를 창건하였다. 경사진 입지에 마련한 점차 상승하는 구조에 보살도의 실천과 극락왕생의 수행을 상징하는 사상성을 결합하고 빼어난 경관까지 구현한 산사를 이루었다. 9세기에는 무량수전 앞에 석등과 봉로석을 건립하여 신앙성을 드높였다.

부석사는 고려시대에도 화엄종의 중심 사찰의 위상을 가졌다. 고려 초 부석사에서는 원융圓融국사가 활동하였다. 그를 기려 세운 원융국사 탑비에는 아미타불만을 봉안한 무량수전의 사찰 구성이 창건 때부터 비롯된 것임을 기록하여 그 역사성을 증명하고 있다. 부석사의 무량수전은 13세기 초반에, 조사당은 1377년에 건립된 것으로서, 고려시대 주심포식 건물의 전형과 진행 과정을 보여주는 중요한 사례들이다. 조사당 도리 하단에서 발견된 묵서에는 1200년 경에 조사당에 단청을 했다고도 하였는데, 장여 상단에서 발견된 묵서에는 1377(우왕 3)년에 조사당 기둥을 세웠다고 하였다. 1358년(공민왕 7)에는 무량수전에 불이 나서 아미타상의 두상이 금당 서쪽 바위 위로 날아가는 피해를 입었고, 그래서 1376년(우왕 2)에 개금하였다.

조선시대에도 부석사는 지속적으로 중수가 이루어졌다. 1490년(성종 21)에 조사당을 중수하고 1493년(성종 24)에 단청하였으며, 1583년(선조 16)에는 지붕 보수 공사를 하였다. 1555년(명종 10)에 안양루가 불에 타서 1578년(선조 11)에 새로 세웠다. 안동에

무량수전에서 바라보는 석등과 안양루

살던 퇴계 이황(1501~1570)이 부석사를 순례하고 시를 남긴 이후 많은 유학자들이 부석사를 찾아 시를 남기기도 하였다. 부석사는 임란의 피해를 입지 않아 무량수전과 같은 오래된 건물을 보존할 수 있었다. 1613년에 낡은 서까래를 보수 교체하고 단청 작업을 시행했고(1613, 『봉황산부석사개연기』), 1618년에는 무량수전 수미단을 보수했다(1618, 무량수전수미단상 보개배면 묵서). 1658년에는 무량수전의 기와를 바꾸었고(1658, 무량수전 지붕 막새 명문), 1691년에는 무량수전의 편액을 보수하였다(1691, 무량수전 현판 이서). 1746년의 화재로 승당과 범종각 등이 피해를 입은 후 1748년에 원래의 모습으로 중건하였다. 1773년에는 무량수전을 비롯한 부석사 경내 전각의 기와를 새로 하였고(1773, 『개와기』), 1801년에 무량수전을 중수하였으며(1801, 『무량수전안양루중수기』 현판), 1806년에도 다른 4동의 전각과 함께 중수하였다(1806, 『태백산부석사무량수전급제각중수기』). 1916년에 무량수전을 해체 수리하는 전면적인 보수가 이루어졌다(2002,

『부석사 무량수전 실측조사보고서』). 근래에 이르러 1971년에 무량수전과 안양루의 기와를 새로 올렸으며(2002, 『부석사 무량수전 실측조사보고서』), 1999년에도 무량수전의 기와를 바꾸었다(2002, 『부석사 무량수전 실측조사보고서』). 2001년에 무량수전 주변 정비사업을 벌여 도량 일대를 정비하여 오늘에 이르고 있다(2002, 『부석사 무량수전 실측조사보고서』).

부석사: 경북 영주시 부석면 부석사로 345

홈페이지: http://www.pusoksa.org

# 鳳停寺

# 3

# 봉정사

봉정사 오르는 길

봉정사의 세계유산적 가치

봉정사의 역사

# 봉정사 오르는 길

봉정사는 세계유산 산사 7개 절 중에서 단정하고 야무진 맵시를 자랑하는 작은 규모의 절이다. 단아한 극락전極樂殿과 당당한 대웅전이 나란히 미타신앙과 석가신앙을 드러내는 양축형 가람의 전형이다. 화엄강당華嚴講堂과 무량해회無量海會 그리고 만세루萬歲樓로 둘러싸인 대웅전 마당은 한국 산사의 정형인 사동중정형 구조의 청신한 기운을 보여주고 있다. 극락전과 대웅전, 화엄강당과 고금당古金堂은 한국 건축의 각 유형을 대표하는 유산으로서 봉정사는 한국 고건축의 박물관으로 꼽힌다.

봉정사는 유학儒學의 고장 안동 중심지에서 그리 멀지 않은 거리에 있다. 절 어귀에 다다르면 졸졸 흐르는 개울물 소리와 명옥대鳴玉臺가 개울 건너에서 길손을 맞는다. 안동의 대유학자 퇴계退溪 이황李滉 선생은 봉정사를 여러 차례 찾았고 이곳에서 동료들과 공부하기도 했다. 후학들이 퇴계가 지은 시에서 따서 바위를 명옥대라 이름하고 창암정사蒼巖精舍를 지어 거유의 자취를 기렸다. 수령이 수십 년쯤 되어 보이는 솔숲길이 열어주는 호젓한 분위기를 따라 가면 근래에 세운 일주문에 이른다. 그리고 이내 중심 영역이 눈앞에 다가선다. 아담한 밭자락에는 갖은 채소며 푸성귀가 가득이다. 선방 수행을 중심으로 규모 있는 살림을 운영하며 수행과 생활을 일치시킨, 예전에는 익숙했던 현장이지만 이제는 많이 사라진 풍경이다. 경사진 계단길을

봉정사에 오르는 솔숲길. 왼편에 창암정사가 보인다.

오르면 만세루 밑으로 대웅전 마당에 닿는다.

봉정사는 태백산에서 발원하여 서쪽으로 내달리다 수다산을 지나 남쪽으로 뻗은 천등산天燈山(575m)을 주산으로 자리잡았다. 풍수에서는 봉정사 터가 봉황이 알을 품고 있는 봉황포란형鳳凰抱卵形이라 한다. 봉정사 앞에서 물길 두 개가 합쳐지는 합수처가 수구가 된다. 좌우 산줄기가 명당 가까운 곳에서 서로 엇갈리면서 사역을 겹겹이 에워싸며 바람을 갈무리하는 좋은 터를 만든다고 한다. 산이 서로 모여 오목하게 들어간 터인지라 안온한 느낌을 준다.

봉정사鳳停寺라는 이름은 의상이 부석사에서 종이로 봉황을 만들어 날려 보냈더니 날아가 앉은 자리가 절 자리이고, 그 봉황이 머문 곳이라 하여 봉정사라 이름지

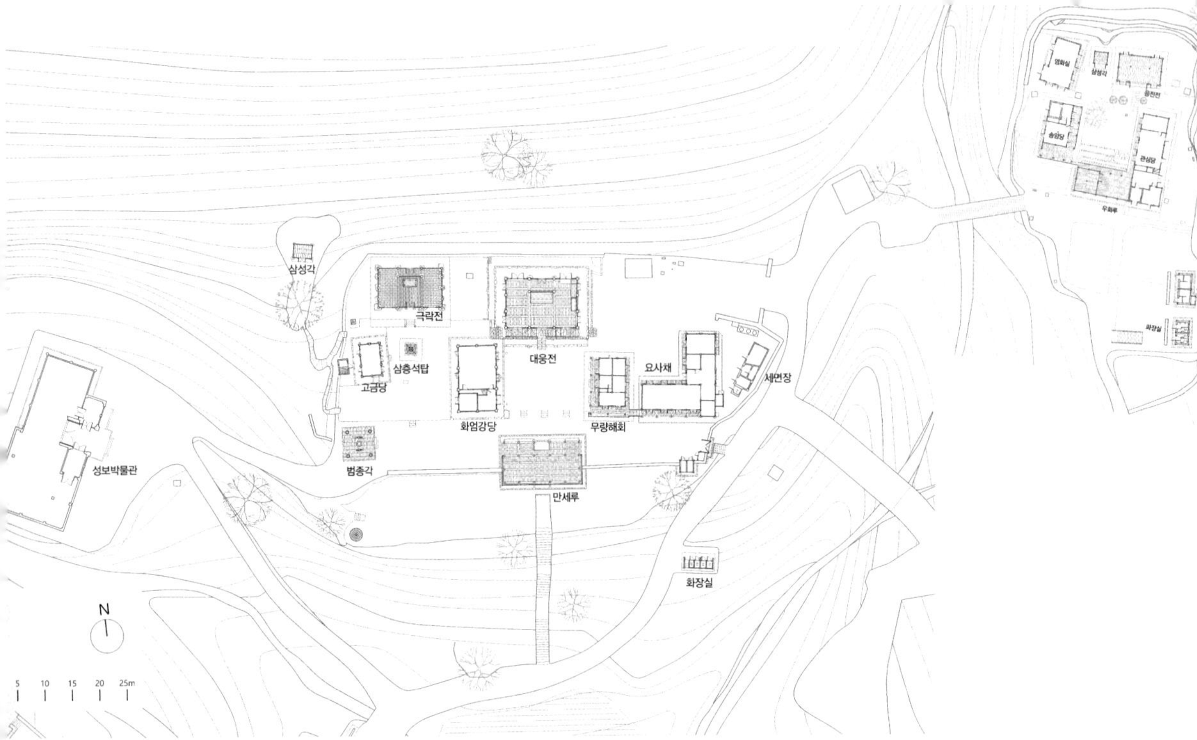


봉정사 가람배치 © 산사세계유산등재추진위원회

었다고 한다. 또 의상이 제자 능인能仁과 함께 천등산 석굴에 머물면서 수도할 때 하늘에서 산에 빛을 비추어 천등산이라 했고 봉황을 따라 절터에 이르렀기에 봉정사라 했다는 전승도 있다. 개창자가 의상이라고도 하고 그 제자 능인이라고도 하는 것이다. 부석사 다음에 나타난 절이므로 677년에 능인이 개창했다고 전하는 기록이 많다. 그만큼 의상과 문도들의 활동을 강조하려는 전승의 산물들이다. 한편 극락전 상량문에서는 지세가 마치 봉황이 머문 자리와 같다 하여 봉정사라 했다고 하였다.

만세루를 지나면 대웅전 마당에 이르지만 봉정사 순례는 대웅전 왼편의 극락전에서 시작한다. 지금은 만세루를 지나 극락전 쪽으로 가는 길이 열려 있지만, 백 년 전까지만 해도 극락전 앞쪽에 7칸 규모의 우화루雨花樓가 있어 극락전과 대웅전은 각각 독자적인 마당을 네 건물이 감싸는 두 구역을 이루고 있었다. 1969년에 주요 건물들을 해체 복원하면서 우화루를 철거하여 지금의 모습이 되었다.

봉정사 만세루

극락전(국보 제15호)은 단정하면서 야무진 모양새를 가진 우리나라에서 가장 오래된 목조건축물이다. 건물을 수리하다 종도리에서 1363년에 옥개부를 중수했다는 기록을 발견했다. 일반적으로 목조건물은 150년쯤 지나야 중수하므로, 이로부터 거슬러 올라가 1200년 경에 처음 건립했을 것으로 추정한다. 극락전은 통일신라시대 이후 고려시대까지 계승된 옛 법식이 남아 있어 건축사적으로 매우 중요한 건물이다. 건축 기법에서 기둥머리와 소로 굽의 곡면, 첨차 끝에 쇠서를 두지 않는 점 등이 부석사 무량수전보다 앞서는 고식 목조건축물의 면모를 보여주는 점을 중요한 요소로 꼽는다. 또 공포는 당대, 동자주는 북방식, 소슬재는 고구려식 계통 기법을 보이고 있어, 여러 건축 기술을 융합한 산물이라는 특징을 갖는다.

봉정사 극락전

봉정사 극락전 현판

봉정사 극락전 내부 아미타불상



극락전 바닥에 본래 전돌을 깔았던 것도 오래된 전통의 산물이다. 지금은 마루를 덮어 사용하고 있고, 한쪽 귀퉁이에 전돌 바닥을 볼 수 있도록 열어 놓았다. 3칸의 전면은 흔히 보는 절 건물처럼 기둥 사이로 모두 창을 낸 모양이 아니다. 가운데 어칸은 중앙 부분에만 출입을 위한 쌍여닫이 판문板門을 달았고, 양쪽 협칸에는 중간에 밖에서는 살창이고 안에서는 여닫이 판문인 창문을 달았다. 후면은 가운데칸에만 판문을 달았다.

바닥 가운데에 뒤쪽에만 2개의 안 기둥을 세워 불벽을 만든 앞에 불단을 설치하고, 불단 위에 불상과 불화를 봉안했다. 불단 주위에 4개의 기둥을 세우고 기둥 윗몸을 짜맞춘 뒤 다포식 구성을 지닌 지붕을 씌워 화려한 닷집을 마련하였다. 불상은 1m 남짓한 아미타불 한 분이고, 후불탱은 관음과 세지보살이 함께 있는 미타삼존화로 1900년에 그린 것이다.

우리나라에서 가장 오래된 목조 건축물이라는 느낌은 법당에 앉아 가만히 창밖에서 불어오는 바람에 귀 기울 때 좀더 분명하게 다가온다. 특히 조용히 천장을 올려다보며 대들보나 여러 부재를 지긋이 바라보고 있노라면 뭐라 말할 필요 없이 절로 고색창연한 기운이 가슴에 스며 온다. 아담한 건물이 주는 안온한 기운도 넉넉하다.

극락전 현판은 1866년에 쓴 것을 1882년(고종 19)에 다시 칠하여 걸었다. 현판 아래 창방에는 세 칸마다 '주상전하主上殿下' '성수만세聖壽萬歲'라고 쓴 전패殿牌를 그렸다. 대체로 법당 안 불단에 왕의 장수를 비는 전패를 놓는 경우가 많은데, 극락전은 특이하게 건물 바깥에 그대로 드러냈다. 1972년에 해체 수리할 때 나온 벽체 19폭을 따로 보관하고 있는데, 이 중 15폭은 불교가 아닌 고사인물도 등의 그림이다.

극락전 앞에는 고려 중기에 세운 것으로 추정되는 삼층석탑이 있다. 곧 지금의 극락전이 처음 건립될 때와 비슷한 시기이다. 고려 후기에 극락전과 삼층탑을 중심으로 작은 가람 규모를 완성하고 봉정사의 토대를 확실히 한 자취일 것이다. 그래서 봉정사는 처음에는 극락전 중심으로 사역을 구성했다가 여말선초 쯤에 대웅전 구역으로 확장하면서 극락전과 대웅전이 나란히 자리잡는 병렬축을 형성한 것으로 추정한다. 극락전 앞에 있는 고금당古金堂(보물 제448호)은 주로 선방으로 사용한 건물로서,

봉정사 대웅전

익공에 가까운 주심포계 건물이다. 작은 규모이지만 다양한 건축기법을 사용하였고, 구조가 꼼꼼하게 짜인 건축물이다.

극락전 구역은 화엄종 미타신앙의 전형적인 법당 구성을 보여주지만, 대웅전 구역은 한국불교에서 가장 보편적이었던 석가신앙을 보여준다.

대웅전(국보 제311호)은 1435년(세종 17년)에 중수한 건물이다. 수리 도중 종도리 장여에서 발견한 묵서 기록에서 이를 확인할 수 있다. 처음 건립한 시기를 추정할 수 있는 드문 기록이다. 대웅전은 여말선초 시기의 다포 건축의 특징을 보이고 있어 현존하는 다포계 건축물 가장 오래된 것의 하나로 꼽힌다.

그런데 1997년 후불탱화인 미타탱을 수리하기 위해 불벽에서 탱화를 내렸더니 뜻하지 않게 벽면에서 건물 초창기의 벽화가 나타났다. 본존 석가여래의 설법을 듣기 위해 많은 대중이 에워 싸고 있는 영산회상도 靈山會上圖(보물 제1614호)였다. 인물의 얼굴 등 일부 떨어져 나간 부분이 있지만, 구도와 색채를 잘 알아볼 수 있다. 뛰어난 필치와 밀도 높은 구성력으로 장중한 분위기를 이룬 지금 남아 있는 몇 안 되는 벽화이다. 대웅전 중수 기록을 토대로 1435년에 그린 것으로 추정할 수 있어, 조선초기의 가장 오래된 벽화이며, 영산회상도 중에서 가장 오래된 유산으로 꼽힌다. 홍보洪寶선사 등 17명의 스님과 17명의 시주자와 2명의 화주 이름을 기록한 화기畵記도 확인할 수 있다.

봉정사 대웅전 툇마루

극락전과 대웅전의 건물과 불화 조성에 나타난 내용들은 봉정사의 미타와 석가 두 가지 신앙이 조선 초기부터 정착되었음을 짐작하게 한다. 대웅전에 현재 걸려 있는 후불탱화는 건물 이름과 다르게 석가불이 주존인 영산탱이 아니라 미타탱으로 1713년에 제작한 것이다(보물 제1643호). 미타탱은 아미타불을 중심으로 10보살 10대제자 등 많은 권속을 표현하면서도 안정적인 화면을 조성한 우수한 작품이다.

극락전 내부에 앉아 있으면 고풍스런 편안함이 느껴지는데, 대웅전 마루에 앉으

봉정사 대웅전 내부 삼존불좌상

면 정갈한 분위기에 자세를 바르게 정돈하게 된다. 불단과 불상과 후불탱이 모두 엄정한 자세이다. '대웅전'이지만 불상도 불화도 아미타 삼존상이다. 좌우벽면에 영단도 있고 지장탱 신중탱도 있어 여느 절과 다를 바 없지만, 드러난 건축 부재의 단청과 곳곳에 남은 불화들이 빛바랜 고색이어서 그럴 것 같기도 하다. 화려하거나 부산한 느낌이 아니라 차분한 산사의 장중한 기운을 느낄 수 있는 법당이다. 대웅전 전면에는 매우 드물게 툇마루가 남아 있어 고풍스런 품격을 더하고 있다. 수리 보고서에 따르면 처음부터 있던 것은 아니고 후에 부가한 것이라 한다.

극락전 마당과 대웅전 마당을 가르는 화엄강당(보물 제449호)은 교학을 수련하는 시설이었다. 3칸의 건물로 주심포계와 익공계가 절충된 형식이다. 고금당과 화엄강당은 선 수행과 교학 연마를 병행했던 조선 후기 불교계의 수학 경향을 잘 나타내는 건물들이다.

대웅전과 화엄강당 사이에서 극락전을 바라보면 공포에 따른 한국 고건축 각 양식의 백미를 한눈에 담을 수 있다. 주심포식의 전형이자 가장 오래된 건물인 극락전, 다포식의 전형인 대웅전, 익공식의 빼어난 화엄강당이 한데 모여 있기 때문이다. 오직 봉정사에서만 볼 수 있는 최고 수준 건축양식의 집합 현장이다.

마당에서 만세루로 내려가는 곳에 예전에 진여문眞如門이 있었다. 공민왕이 쓴 현판을 달았던 세 칸 규모의 문으로 1969년 전면 복원공사 이전까지 있었으나 헐어냈다. 이제는 만세루 밑을 나서면 대웅전의 단정한 모습을 만나게 된다.

봉정사 화엄강당

봉정사 요사채 무량해회

주심포식 다포식 익공식이 한데 겹쳐 보이는 봉정사 마당

극락전 주심포식 공포

대웅전 다포식 공포

화엄강당 익공식 공포

만세루는 정면 5칸, 측면 3칸의 홑처마 맞배지붕 건물이다. 만세루는 우리나라 여름 기후에 쓸모 많은 개방형 건물로서, 이곳에서는 여러 차례 염불 수행이 이루어지기도 했다. 만세루 마루에 서면 대웅전의 불상이 은은한 자태를 보내온다. 그렇게 시각과 높이를 맞추었으니 염불 수행에 안성맞춤이었을 것이다. 만세루는 경사진 지형을 활용하여 아래층에 축대를 쌓고 누의 중앙에 해당되는 위치에 출입문과 계단을

봉정사 만세루

두었다. 처음에는 덕휘루德輝樓라 이름했는데 훗날 만세루로 바꾸었다. 안동의 대유학자인 퇴계 이황을 비롯한 문인들의 시를 새긴 현판이 걸려 있기도 했다.

봉정사는 유학의 본고장에 자리잡았기 때문에 유학자들과 긴밀한 관계를 갖고 이를 사원 유지에 활용해야 했다. 사찰이 가진 우수한 출판 능력으로 문인들의 문집이나 족보를 간행하고 그 목판을 보관하는 역할을 해온 것이다. 채제공蔡濟恭의 문집 『번암집樊巖集』을 간행하기 위한 모임을 이곳에서 갖는 등 구체적인 사례도 확인할 수 있다. 백 년 전의 봉정사 배치도면에는 불교 경판을 보존하는 장판각藏板閣 외에 자그마한 김씨장판각金氏藏板閣 건물도 있어, 그때까지 문인들의 판목을 보관해 왔음을 알 수 있다. 장판각에 보존해 온 경판에서 봉정사의 출판 역량을 확인할 수 있다. 봉정사에서는 1769년(영조 45)에 『불설천지팔양신주경』, 『진언집』, 『범망경보살계본』,

봉정사 영산암 우화루

『수보살계법』, 『보살계의소』, 『사분계본여석』, 『상교정본자비도량참법』, 『기신론필삭기』 등 14종 601판의 경판을 판각하여 간행했고, 그 경판을 현재까지 잘 보존하고 있다.

세계유산 중에서 암자를 포함한 산사는 봉정사 영산암靈山庵이 유일하다. 영산암은 그만큼 독특한 의미를 갖는 암자이다. 봉정사 영산암은 작은 계류를 건너면 바로 닿는 위치에 자리잡고 있어 마치 본절과 한 구역을 이루고 있는 것처럼 보인다. 영산암에도 응진전 삼성각 등의 불전이 있어 개별적인 신앙체계를 완성하는 가람 구조를 갖는다.

영산암 역시 응진전, 관심당, 송암당, 우화루가 마당을 중심으로 네모난 구조를 이루는데, 암자의 마당은 모임을 위한 장소로서 보다는 작은 마당에 단차를 두고 수목을 심어 운치 있는 경관을 조성했다. 17세기 중반에 지금과 같은 배치를 형성했

봉정사 영산암

봉정사 영산암 응진전

는데, 1882년에 주요 불전을 제외한 나머지 당우들이 모두 소실되어 1888년에 고종 내외와 순종 내외, 조대비 등 왕실 최고위층이 시주하여 십육나한도와 영산회상도를 조성하여 응진전에 봉안했다. 이후 1916년에는 안동부사를 지낸 인연이 있던 독립운동가인 김가진金嘉鎭이 시주하여 향로전을 조성하였다. 진입 건물인 우화루는 위층을 개방형으로 처리하여 작은 마당에 확장감을 부여하는 멋진 공간을 형성한다. 삼성각 앞의 공간을 부드럽게 유도한 조경도 뛰어난 공간처리 기법으로 꼽힌다. 앞뒤로 탁 트인 우화루에 앉아 한여름 산사를 찾은 발길에 맺힌 땀방울을 삭이는 경험도 좋다. 그보다 늦은 봄 꽃잎 흩날리는 날 이름 그대로 꽃잎이 비처럼 날리는 우화루에 앉아 바라보는 작은 마당의 아기자기한 아름다움이 영산암의 백미이다.

## 봉정사의 세계유산적 가치

봉정사는 677년에 화엄종의 창시자인 의상의 제자 능인이 창건한 산사이다. 이후 고려와 조선을 거쳐 현재에 이르기까지 단절 없이 극락전과 대웅전이 병행축을 형성하여 두 신앙을 실천하는 산사로서의 위상을 갖고 있다. 봉정사는 천등산 기슭의 송야천 상류 주변에 펼쳐진 경사진 입지에 터전을 마련하여, 극락전 구역에서 14세기에 동쪽으로 대웅전 구역을 확장하여 중심 공간을 바꾸었다. 임진왜란에 큰 피해를 입지 않아 극락전과 대웅전 등 여러 가지 건축 양식의 대표적인 실례를 보존하고 있으며, 무량해회와 만세루가 건립되는 17세기에 마당 중심의 규범적 공간을 갖추었다.

봉정사는 종합 승원으로서 출가자와 신도들의 신앙과 수행, 생활을 위한 다양한 건축물들이 있다. 신앙 공간으로는 대웅전, 극락전이 있고 융합신앙을 보여주는 삼성각이 있다. 출가자와 신도들의 수행을 위한 공간으로는 선방과 화엄강당이 있다. 봉정사의 선방은 간화선 수행을 위한 공간이며, 화엄강당은 경전 공부를 위한 건축물이다. 봉정사에는 출가자와 신도들의 생활공간으로 고금당, 무량해회, 요사채, 만세루가 있다. 이층 누각인 만세루는 주불전인 대웅전에 진입하는 시설이면서 상층에서 기도 등 신앙과 생활이 이루어지는 공간이기도 하다.

봉정사 마당의 특징은 대웅전 구역과 극락전 구역을 나란히 조성한 양원식 주불전 구성이라는 점이다. 첫째 마당을 중심으로 대웅전, 화엄강당, 무량해회, 만세루가 이루는 사면식 구성은 한국 산사의 특징인 마당 중심 가람 구성의 전형적인 예이다.

사동중정형의 전형인 봉정사 대웅전 마당

극락전, 고금당, 화엄강당이 이루는 마당이 대웅전 마당과 병렬하여 양원식 구성을 완성한다. 봉정사에는 한국에서 가장 오래된 주심포식 건축물인 13세기의 극락전과 가장 오래된 다포식 건축물인 14세기의 대웅전이 두 개의 중심영역을 이루면서 두 가지 신앙을 이끌고 있다. 봉정사 공간 구성의 특징은 본사와 인접하여 위치한 영산암이다. 영산암은 본사와 상당한 거리를 두고 독립적으로 운영되는 여느 암자와는 달리 작은 계류를 건너 바로 닿는 위치에 자리잡고 있어 한 구역과 같이 경영한다. 영산암 역시 작은 마당을 중심으로 사면 구조를 이룬다.

봉정사에서는 지금도 경내에 텃밭을 운영하며 승려들과 신도들이 수행의 여가에 채소를 키우는 공동체 생활을 실천하고 있다. 작물을 가꾸는 것을 수행의 한 부분으로 여기고 자연과 일체화되는 생활을 영위했던 전통을 확인할 수 있는 진정성의 증거이다.

## 봉정사의 역사

봉정사는 677년에 의상의 제자인 능인이 창건하여 화엄사상이 크게 확산하면서 신라불교의 구심점의 하나가 되었다. 이후 봉정사는 신라와 고려에 이르기까지 화엄사상을 바탕으로 미타신앙과 석가신앙을 병행하여 전개하였다. 고려 중기인 1199년에 관음상을 조성하였고(1753, 대웅전관음개금 현판), 13세기에는 한국에서 가장 오래된 목조 건축물인 극락전을 건립하고 그 앞마당에 삼층석탑을 조성하였다. 14세기에는 대웅전을 건립하여 양원식 가람구조를 형성하고 오늘에 이르는 기본 구조를 형성하였다. 1361년에 대웅전 불단을 조성하였고(1361, 대웅전 동측 불단 상판 하부묵서), 1363년에는 극락전 지붕 부분을 중수하였다(1625, 「극락전상량문」). 조선시대에 들어 봉정사는 태조의 원당으로 지정되어 전답 5백 결과 노비 2백 명을 받아 70칸 규모의 대찰을 운영하였다.

봉정사는 임진왜란의 피해를 크게 입지 않아 고려시대의 주요 건축물을 보존할 수 있었다. 1588년에 화엄강당을 대웅전과 극락전 사이에 건립하였고(2004, 『봉정사대웅전해체수리공사보고서』), 1616년에는 고금당을 중건하였다(1616, 「고금당상량문」). 1683년에는 만세루를 중창하여(1683, 「천등산봉정사덕휘루기」) 대웅전 영역과 극락전 영역이 각각 마당을 중심으로 사면형 구조를 이루는 현재의 가람 구성을 완성하였다.

봉정사 극락전은 한국에서 가장 오래된 목조 건축물로서, 주심포 형식 건물의 전형 형태로 동아시아 건축 기술 교류를 보여준다. 극락전은 13세기에 건립하여 1363년에 지붕 부분을 중수한 사실이 확인된다(종도리 묵서명). 1625년에 극락전을 중수하였고(1625, 「극락전상량문」), 1809년에 극락전과 대웅전을 중수하였다(1809, 「양법당중수기」). 1863년에도 극락전을 중수하였고(1863, 「봉정사극락전중수기」), 1882년에는 극락전의 현판을 수리하였으며(1906, 「봉정사영산암향로전창건기」), 1923년에 극락전을 보수하였다(1923, 「봉정사극락전중수기」). 1972~1975년에 극락전을 해체 수리하여 이후 온전하게 보존될 수 있도록 하였다(1992, 『봉정사극락전수리공사보고서』).

대웅전은 한국 목조건축물 중에서 다포식 건축물의 전형을 대표한다. 1428년에 대웅전에 미륵하생도(실제는 영산회상도)를 조성했다 하였고(1435, 대웅전 종보 묵서명), 1431년에는 대웅전에 단청을 올렸으며(1435, 대웅전 종보 묵서명), 1435년에 대웅전 중수 작업을 마쳤다(1435, 대웅전 종보 묵서명), 1601년에 대웅전 서까래를 중수하였고(1601, 대웅전 어칸 종도리 하부 묵서명), 이후에도 잘 유지되어 1809년에는 대웅전과 극락전을 중수하였다(1809, 『양법당중수기』). 최근에 이르러 1963년에 지붕을 보수하였고(2004, 『봉정사대웅전해체수리공사보고서』), 1975년에 단청을 올리고 부분 보수하였으며(2004, 『봉정사대웅전해체수리공사보고서』), 1996년에 툇마루와 난간을 보수하였다(2004, 『봉정사대웅전해체수리공사보고서』). 1999~2000년에 대웅전을 해체 수리하여 전면적으로 보수했으며 동시에 실측 조사를 시행하여 부재 등에 대한 명확한 자료를 확보하였고(2004, 『봉정사대웅전해체수리공사보고서』), 이후 유지 보수에 유익한 자료를 축적하게 되었다. 1683년에 지금의 만세루인 덕휘루를 중창하였고, 1818년에 중수하였다.

봉정사 : 경북 안동시 서후면 봉정사길 222

홈페이지 : http://www.bongjeongsa.org

# 法住寺

# 4

# 법주사

# 법주사 오리숲길

갖가지 나무들이 하늘을 가리는 오리나무 숲길을 지나면 갑자기 눈앞에 심심산중의 드넓은 마당이 펼쳐친다. 수려한 속리산 봉우리가 줄기져 내려와 끝자락을 드리운 절마당에는 미륵대불이 자비로운 미소를 띠고 우뚝 서 있다.

법주사는 백두대간의 허리를 이루는 속리산俗離山(1,057m)을 주산으로 한다. 법주사는 수정봉과 관음봉을 잇는 주능선의 동쪽 계곡에 있는 널찍한 평지에 자리잡고 있다. 산사이지만 골짜기 끝에 평탄한 대지가 펼쳐진 곡저谷底 분지를 활용하여 경사가 거의 없는 너른 터에 위치하고 있다. 법주사 터는 폭보다 길이가 긴 배와 같은 모양의 행주형行舟形 형국이다. 처음에는 수정봉水晶峰을 주봉으로 산호전珊瑚殿이 동남향으로 들어섰으나, 이후 관음봉을 주봉으로 대웅보전이 서남향으로 들어서서 속리산의 산세와 계곡의 흐름을 따라 지세와 절의 중심축을 일치시켰다. 속리산은 연꽃이 물 위에 뜬 모양의 연화부수형蓮花浮水形이고 수정봉 아래터는 닭이 알을 품고 있는 금계포란형金鷄抱卵形의 명당 형국이라 하지만, 관음봉으로 주봉을 바꾸면서 행주형이 되었다.

가을날 화려한 단풍으로 이름나기는 산사 중에 법주사가 둘째가지 않는다. 절 마을을 지나 금강문에 이르는 오리 남짓한 숲길은 갖가지 나무가 만들어내는 오색의

단풍이 곱게 물든 오리나무숲길의 법주사 일주문

향연 그대로를 절로 느끼게 만든다. 요즘처럼 제철이면 엄청난 인파가 몰려드는 날에도 법주사 오리숲길은 속세의 숨결을 잘도 정화해낸다. 그 끝머리 개울을 건너기 전 특이한 비를 하나 만난다. 암반 위에 법주사 중창주 벽암碧巖대사의 비가 서 있는데, 그 곁에 조선후기 유학의 대가 송시열宋時烈이 짓고 송준길宋浚吉이 써서 1666년에 세운 속리산사실비俗離山事實碑이다.

송시열은 금강산과 형 아우 사이로 불린 소금강산 속리산의 수정봉 위에 있는 큰 거북돌[龜石] 설화를 소개한다. 거북돌이 머리를 든 채 서쪽을 향하고 있는데, 중국 사람이 중국의 재물이 조선으로 실려 오는 것은 이 거북돌 때문이라고 하며 그 머리를 잘라버렸다 한다. 거북돌 등쪽에 십층탑이 있는데, 거북돌의 머리를 자를 때 탑을 세워 지기地氣를 눌러 없애려 한 것이라고 하였다. 1653년에 옥천군수가 벽암대사에게 거북돌의 머리를 이어 붙이게 하고, 1665년에는 충청병마절도사가 관찰사에게 권하여 탑을 없애도록 하였다. 이런 전말을 기록한 후 송시열은 그 머리 때문에 중국의

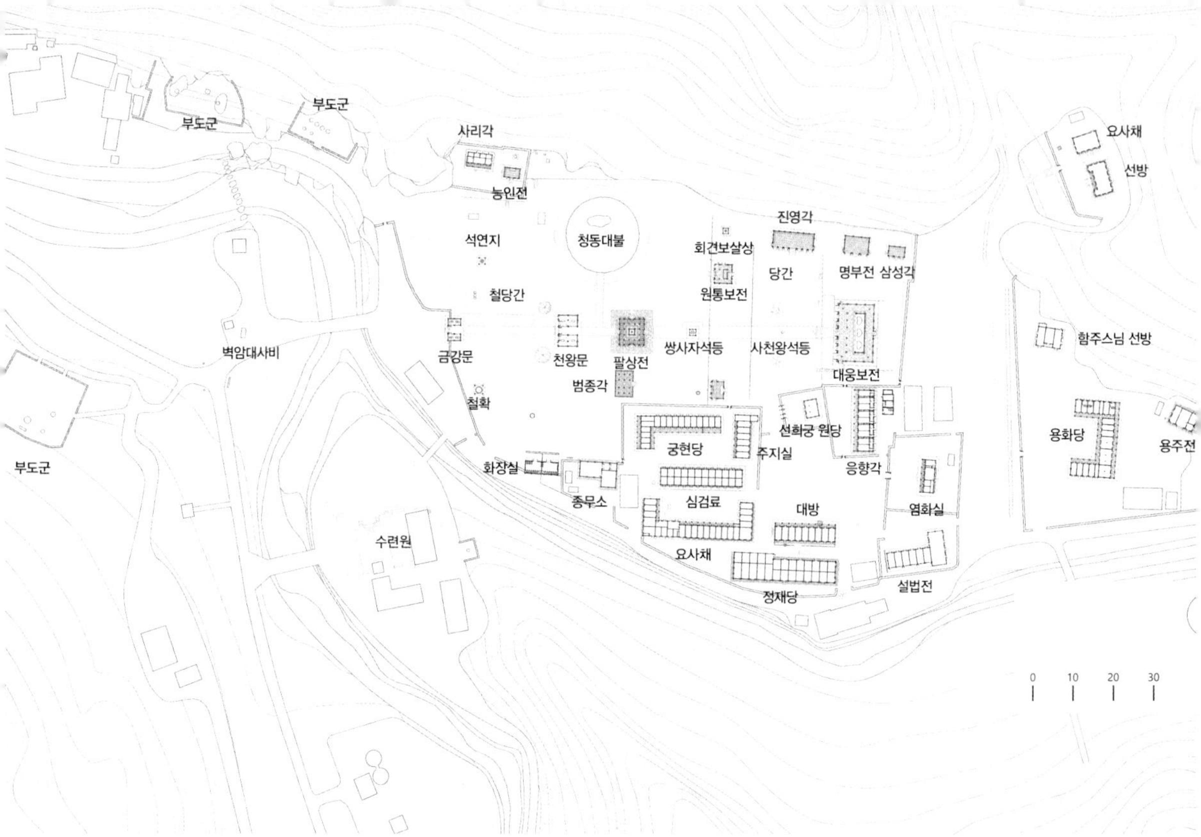


법주사 가람배치 ⓒ 산사세계유산등재추진위원회

재물이 언제 우리나라로 실려 왔는지 알 수 없다고 하며, 산전의 빼어난 성기를 뛰어난 인물을 만드는 데 쏟아부어야지 이상한 물건에 모여 들도록 하니 어찌 통탄스럽지 않겠는가 하며 이를 기록해 둔다고 하였다. 유학의 태두로서 지역사회의 비이성적인 작태를 바르게 이끌고자 하는 특별한 당부가 담긴 비이다.

자그마한 금강문을 지나 우선 왼편 절벽 면에 새긴 마애미륵불상으로 자리를 옮긴다. 여기에는 법주사 창건에 얽힌 새김이 있기 때문이다.

법주사는 8세기의 참회 수행을 선도한 진표眞表율사가 터를 잡고 그의 제자 영심永深이 가람을 이루었다고 보는 것이 가장 사실에 가깝다. 진표는 자신의 행위를 점쳐 그 잘못을 참회 수행하는 점찰법占察法으로 사람들을 이끌던 실천수행인이었다.

진표가 금산사金山寺를 창건하고 법석法席을 열어 사람들을 제도하다가 속리산에 이르러 소를 타고 가는 사람을 만났다. 진표를 보고 소가 무릎을 꿇으며 울자 그 사람이 진표에게 연유를 물었다. 진표는 자신이 절을 세워 장차 수도할 곳을 찾아왔는데, 이 소는 안으로는 명철하여 자신의 법을 알기 때문에 무릎을 꿇은 것이라고 하였다. 그 사람은 축생도 이런 신심이 있는데 사람된 내가 그보다 못하단 말인가 하고는 그 자리에서 머리를 자르고 진표에게 수계를 받았다.

법주사 들머리의 속리산사실비

진표는 속리산 골짜기에 이르러 길상초吉祥草가 난 곳이 명당이니 표시를 해 두라 하고 금강산의 발연수에 가서 그곳 사람들을 교화하였다. 영심 등의 제자가 진표의 지도 아래 용맹참회한 끝에 경지를 인정받았다. 진표는 제자들에게 속리산에 돌아가 길상초가 난 곳에 절을 짓고 사람들을 널리 제도하라고 당부하였다. 영심 등은 속리산에 가서 길상초가 난 곳을 찾아 길상사를 창건하고 점찰법회를 시행하였다. 이 길상사가 법주사이다. 그래서 영심을 속리산 대덕이라 불렀다.

그런데 법주사에 전해 오는 내력에는 법주사 창건을 다르게 전한다. 신라의 의신

법주사 마애여래좌상

법주사 마애여래상 한켠에 새긴 의신조사 창건설화

義信조사가 진흥왕 때 천축에 법을 구하러 가서 흰 노새에 경을 싣고 와서 법주사라 이름했다는 것이다. 그 뒤 성덕왕이 중수하여 돌물통 돌다리 돌단지 돌솥 등을 만들었다고 한다. 여기서 법주사를 창건했다는 553년은 황룡사를 세우기 시작한 해이다. 이때 경주에도 흥륜사밖에 절이 없었는데, 어느 여가에 산 속에 절을 짓고 또 인도에까지 다녀왔을지 사실로 보기 어려운 이야기이다. 진표와 영심의 구체적인 활동만으로도 충분히 오랜 유래를 자랑할 수 있는데, 너무 멀리 앞으로 나간 설화를 엮었다.

마애불(보물 제216호)은 고려시대의 빼어난 작품으로 꼽힌다. 절벽 면을 다 차지하는 큰 불상을 원만한 상호로 정밀하게 조각하였다. 기록은 없지만 의자에 앉은 불상은 사유하는 미륵보살에서 성불한 미륵불로 보므로 미륵불이어야 한다. 법주사는 진표 일행이 미륵신앙의 전당으로 시작했기 때문이다. 그런데 마애불 왼편 모서리에

미륵대불을 비롯하여 전각들이 모두 한눈에 펼쳐지는 법주사 마당

경전을 실은 나귀를 끄는 승려상이 여럿 선각線刻으로 새겨져 있다. 제작 연대는 알 수 없지만, 법주사에서 의신조사의 창건설화를 엮은 이후에 여기에 덧새긴 것으로 짐작되는, 그렇지만 우리나라에서 보기 드문 새김이다. 얼른 보면 잘 나타나지 않아 유심히 살펴보아야 한다. 의신조사 설화는 고려후기에는 알려져 있었다. 박효수朴孝修(?~1337)라는 문인이 "노새 바위 앞에 누워 거룩한 자취 찾으니(騾臥嵒前訪聖蹤) 금부처 산호전 위에 엄연히 앉아 계시네(珊瑚殿上紫金容)"라는 시를 남긴 데서 그 자취를 찾을 수 있다.

마애불에서 나와 절 쪽을 바라보면 산속에 이렇게 넓은 터가 있었나 싶을 만큼 큰 마당이 전개된다. 왼쪽 서쪽에서부터 근래 조성한 금동미륵대불이 먼저 눈에 들어오고, 그 밑으로 돌 수조[石槽], 석련지石蓮池, 팔상전八相殿과 천왕문, 쇠솥[鐵鑊], 그 다

법주사 쌍사자석등

법주사 사천왕석등

법주사 가섭존자상

음 가섭존자상과 쌍사자석등 뒤편으로 원통보전, 멀리 사천왕석등과 대웅보전이 부챗살처럼 차례로 오른쪽으로 펼쳐진다.

금강문 옆에 철당간鐵幢竿이 있는데, 고려 전기에 만든 본래 것이 대원군의 경복궁 중건 철물 수용으로 헐려나 1927년에 주철로 새로 만든 것이다. 속리산 주봉인 천왕봉 줄기를 이은 문장대 봉우리에서 흘러내려 온 산줄기가 줄기줄기 절마당에까지 정기를 이어온 명당 자리이다.

미륵대불은 근래의 산물이다. 법주사의 원 중심터는 수정봉 아래 장륙丈六 미륵불을 봉안한 산호전이었다. 조선 후기에 용화보전龍華寶殿으로 부르던 산호전이 사라진 후 미륵신앙의 전당은 비어 있었고, 이를 대신하려는 노력이 꾸준히 이어졌다.

1935년에 최고의 조각가 김복진이 당시 최신 소재의 하나인 시멘트로 80척의 미륵대불을 조성하기 시작했다. 조각가가 머리만 만들고는 요절하고, 일제의 전쟁 발발로 물자 조달이 어려워 중단되었다. 광복 이후에도 노력은 지속되었다. 1949년 윤효중이 제작을 이어갔다. 다행히 한국전쟁의 피해는 법주사에 미치지 않았고 1959년에 장기은 등 젊은 미술인들이 작업을 이었다. 1963년 임천 등이 작업을 마쳐 1964년에 미륵대불은 완공을 보았다. 그리고 1990년, 시멘트 미륵대불을 해체하고 청동미륵대불이 그 자리에 들어섰다. 2002년에는 금을 입혀 금동미륵대불이 되었고, 지하에 용화전을 조성하여 미륵불의 도솔천을 만들어냈다. 지금도 이 용화전에서는 매월 그믐날 미륵철야정진을 시행하며 미륵의 전당으로서의 위상을 이어가고 있다.

쌍사자석등(국보 제5호)과 사천왕석등(보물 제15호)은 신라시대 법주사의 면모를 확인해주는 빼어난 조영물이다. 쌍사자석등은 석등의 간주석을 두 마리의 사자가 받치는 형상으로 창안하여 사자의 용맹처럼 정진하는 지혜의 등을 만들었다. 한편으로 화

법주사 석련지

법주사를 지키는 두 잣나무

사석에 사천왕을 새겨 굳건한 자세로 우뚝 선 사천왕석등도 조성하였다. 특히 가섭존자상(보물 제1417호)은 독특한 작품이다. 종래 희견보살상으로 알려진 조영물이다.

머리에 그릇을 받친 평평한 무엇인가를 이고 있는 이 석상은 가섭존자상으로 보아야 한다. 미륵불은 석가모니불이 열반에 드신 후 불법을 믿지 않는 말법末法세계가 될 때 이 세상에 내려와 새로운 용화세상을 여는 분이다. 그리고 석가모니불과 미륵불 사이의 시기에 불법을 전할 임무를 부여받은 이가 가섭존자이다. 그 상징물이 부처의 가사와 발우이다. 이 조영물의 인물상 머리 위에 네모난 것이 바로 가사를 접은 것이고, 그 위의 그릇은 발우이다. 이 또한 이곳이 미륵의 전당임을 표상하기 위한

법주사 팔상전

뜻깊은 조영물이다. 지금 이들 조영물이 서 있는 자리는 법주사 전각 구조가 크게 바뀌면서 옮긴 위치들이다.

이처럼 신라 석조공예를 대표하는 두 석등과 가섭존자상, 그리고 석련지(국보 제64호)와 석조, 철확(보물 제1423호) 등이 모두 신라 후반기 법주사의 성세를 증명하는 유물들이다.

이제 비로소 금강문에서 천왕문으로 들어선다. 천왕문 앞에는 잣나무 두 그루가 하늘과 겨루는 듯 높이 솟아 있다. 함께 찾은 순례객들에게 천연 당간지주라고 소개하곤 하는 힘찬 나무다. 그 기세가 넓은 법주사 마당과 잘 어울린다.

법주사 천왕문은 우리나라에서 가장 큰 사천왕상을 봉안한, 그래서 가장 큰 천왕문이다. 1626년에 높이 5.7m의 사천왕상을 조성했는데, 대웅보전의 삼존불 또한 5.5m 크기로 소조불로는 가장 큰 규모이다. 전란을 겪으며 한 집 건너 누구나 희생을 당하지 않은 집이 없었고, 다시는 이런 참화가 닥치지 않도록 기원하는 마음들은 큰 부처와 큰 사천왕들을 모셔 이들이 우리를 큰 힘으로 지켜주었으면 하는 바람으로 나타났을 것이다. 그런 소망이 대형 조각상을 모시도록 이끌었으리라. 10m 크기의 천왕문을 나서는 길목에서 바라보는 팔상전이 또한 놓치지 말아야 할 시점이다.

법주사는 정유재란 때 화재로 가람 전체가 피해를 입었다. 1605년에 팔상전을 중건하기 시작했고 1618년에 사명대사를 중심으로 대웅보전을 중건했다. 1626년에는 팔상전을 완공하고 같은 해에 벽암대사가 대웅보전 삼신불을 조성했다. 벽암대사는 사명대사를 이어 팔도도총섭이라는 직책으로 승군을 총지휘하던 이이다. 사명과 벽암처럼 당시 불교계의 중추를 담당하던 이들의 역량이 일찍부터 법주사를 중건하도록 이끈 것이다.

그렇게 중건된 팔상전(국보 제55호)은 우리나라에서 유일한 목탑木塔이다. 처음에는 다들 목탑을 세웠다. 평양의 고구려 팔각목탑 터, 부여의 여러 백제 목탑 터와 미륵사 중원 목탑 터, 경주의 신라 황룡사 목탑 터 등이 모두 그렇다. 이후 우리는 석탑石塔을 많이 조성했고 그래서 석탑의 나라가 되었다. 그런 중에 팔상전은 목탑의 면모를 간신히 보여주고 있는 소중한 유산이다.

팔상전은 중심에 심초석 위로 거대한 심주心柱를 세우고 1, 2층 36개, 3, 4층 16개 모두 108개의 기둥을 세워 구성했다. 심주를 기준으로 사천주四天柱를 에워싸는 벽체가 중심이 되는데, 여기에 사방불과 팔상도를 설치하여 탑 내부의 종교적인 중심 벽면이 되도록 했다. 중심 주위로 사방에 불상과 팔상도를 두 폭씩 걸어 오른쪽으로 예경하며 도는 우요삼잡右繞三匝 의례가 탑 안에서 이루어질 수 있도록 고안했다.

외부로는 천왕문부터 대웅보전으로 가는 축선에서 미륵대불이 교차하는 중심에

법주사 팔상전 내부 심주

법주사 팔상전 동면

법주사 팔상전 남면

법주사 팔상전 서면

법주사 팔상전 북면

법주사 쌍사자석등과 사천왕석등과 대웅보전

서서 팔상전이 네 방향 모두 정면성을 갖도록 하여 독특한 의의를 부여하였다. 동면부터 차례로 주불과 다수의 불상과 팔상도를 배치했는데, 북면에는 우리나라에서 보기 드문 아담한 열반상도 봉안되어 있다. 17세기에는 각층마다 불상을 봉안하였다. 1686년에 법주사를 순례한 정시한丁時翰이 『산중일기山中日記』에 남긴 기록에는 모두 8분의 불상을 봉안했다고 하였다. 2층에 거대한 미륵불, 3, 4, 5층에도 각각 불상을 봉안했다 했으니, 1층에도 지금처럼 사방에 한 분씩 봉안해야 숫자가 맞는다. 현재 1층 불상 뒤 벽면에는 동-남-서-북으로 오른쪽으로 돌며 팔상도를 배치했다. 1897년 이름난 화승 금호약효錦湖若效 등이 중수하면서 조성한 이 팔상도는 남면의 사문유관과 유성출가, 북면의 녹원전법과 쌍림열반상이 좌우가 바뀌어 있다.

법주사 대웅보전 삼신불좌상

법주사 팔상전은 보기 드문 목탑이라는 희귀성으로도 이름 높지만, 안정적인 체감 비례로 입면을 형성하고 처마의 곡선미를 연출한 미감도 뛰어나다. 고층 목조건물로서의 구조적 문제를 합리적으로 해결함과 동시에 건축 용도에 부합하는 종교적 기능성을 유기적으로 융합시킨 목구조 결구의 대표적인 걸작이다.

대웅보전(보물 제915호)도 장대한 규모이다. 170평의 법당에 전체를 한눈에 보기 어려울 만큼 큰 삼신불三身佛(보물 제1360호)을 조성 봉안하였다. 복장에서 나온 불상 조성기는 1630년에 석가 비로자나 아미타의 삼신불을 봉안할 때 400여 명의 시주들이 정성을 모아 조성했음을 밝히고 있다.

당시 최고의 조각가인 현진玄眞 등이 조성한 사실을 기록한 이 자료는 임란 이후 조선후기의 사원 운영이 어떻게 이루어졌는지를 알려주는 진정성을 입증하는 물증이

법주사 원통보전

다. 불사의 시주자들이 조선전기에는 왕실이나 유력자들이 주요 기반이었지만, 후기에는 주로 지역민을 중심으로 한 수많은 대중들로 바뀐 것이다. 전란으로 인해 국가경제가 아직 제자리를 찾기도 전인 1610~1620년대의 어려운 상황에서 집집마다 한 줌 두줌을 모아 조성한 진정한 신앙심의 발로가 사원 중창의 원동력인 것이다. 법주사 삼신불 조성기는 이를 확인해주는 초기의 명확한 자료라는 의의가 있다. 5.5m의 보기 드문 대형 불상은 그 존재 자체만으로 뭇 사람들에게 안전을 보장하는 위안을 주었을 것이다.

원통보전圓通寶殿(보물 제916호)은 벽암대사가 중심이 되어 1647년에 중건한 건물이다. 정면 측면 각 3칸의 정방형 건물로서 건물 중앙에 불상을 모신 중심형 구조이다. 사모지붕의 꼭대기에는 석조로 된 장식기와 절병통節瓶桶을 설치하였다. 초석은 많이

법주사 선희궁원당

다듬지 않은 고려초기 전통을 보이는 형식이라 한다. 주존 관음보살상(보물 제1361호)은 1655년에 조성한 높이 2.3m의 자비로운 미소를 띤 원만상이다. 관음상 발치에는 자그마한 용왕과 선재동자 조각이 시립하고 서 있다. 관음상은 머리를 약간 숙인 조선후기 불상의 일반적인 자세다. 건물에 꽉 들어찬 느낌의 관음상 앞에는 간절한 기도를 하기에 맞춤인 공간이 있어 순례자의 마음을 끌어모은다.

팔상전에서 대웅보전을 향해 오른쪽에 다른 건물과 달리 유별나게 담장을 두른 아담한 건물이 있다. 영조의 후궁이자 사도세자의 모친인 영빈이씨暎嬪李氏(1696~1764)를 위한 원당願堂이다. 그래서 여느 사원 건물과는 다르게 솟을삼문을 세운 사당祠堂 형태의 색다른 외양을 하고 있다. 아마 영빈의 부친 이유번李楡蕃이 연기 출신으로 일찍이 법주사와 인연을 가졌던 데서 이곳에 원당을 마련한 것으로 추정된다. 1765년(영조

법주사 입구 정이품송

41)에 이곳에 원당을 정해 승도의 노역을 면제해 주도록 영빈방暎嬪房에서 충청감영에 보낸 문서가 남아 있어 그 사실을 확인해준다.

사실 법주사는 영빈뿐만 아니라 원종元宗의 원당이기도 했고, 순조의 태실胎室 수호 사찰이기도 했다. 영조 때 노역을 면제해 주도록 했지만 그 사이 절이 퇴락하여 중수하지 않으면 안 될 형편이 되자 1851년(철종 2)에 예조에서는 중수를 위해 공명첩空名帖 4백 장을 보내 지원하였고, 절에 제반 부역이 부과되지 않고 관민의 토산물 요구 폐단이 없도록 항목을 규정해 주기도 했다. 또 1889년(고종 26)에는 원당 사찰이기 때문에 음주가무 잡기를 금하고 엄정한 제례가 이루어지도록 당부하는 문서도 내렸다.

이렇게 법주사는 태조 백일기도, 정희왕후와 예종 성종의 백일소, 원종과 인헌왕후의 어실 봉안, 숙종과 인현왕후의 축수祝壽, 선희궁 제향祭享, 순조 태실 등 왕실

법주사 자정국존비

대대로 인연을 이어온 왕실 원찰이었다. 법주사 들머리에 서 있는 유명한 정이품송正二品松(천연기념물 제103호)도 그런 예의 하나이다.

정이품송은 신미信眉대사가 법주사 복천암福泉庵에 주석할 때 생긴 일화이다. 세종 때부터 궁중에서 불사를 행할 정도로 신임이 두터웠던 신미는 1450년에 복천암을 중건했고, 신미와 가까웠던 세조는 1464년에 속리사 곧 법주사에 갔다가 복천암에 행행했다. 『세조실록』에는 왕이 탄 가마가 보은현 동평을 지나서 저녁에 병풍송屛風松에 머물렀더니, 신미가 와서 뵙고 떡 1백50동이를 바쳐 왕을 호위하는 군사들에게 나누어 주었다고 하였다. 다음날 세조는 복천사에 쌀 3백 석 토지 2백 결을, 속리사에 쌀과 콩 30석을 내렸다고 하였다. 가마가 지나도록 가지를 들어올려 정이품을 내렸다는 정이품송 이야기는 이 병풍송 기록에서 생겨난 이야기일 것이다. 사실이 어떻든 높이 15m, 너비 20m의 정이품송은 격조 높은 자태를 갖춘 멋진 소나무로서 속리산 어귀를 지키는 역할을 오늘도 다 하고 있다.

조선시대 대대로 왕실 원찰이 되려 했든지, 법주사에는 고려시대에도 왕자 출신

법주사 금동미륵대불

의 승려가 활동하였다. 문종의 왕자인 도생導生승통과 예종의 왕자인 광지廣智대선사 등이 법주사에 머물며 활동했다. 1362년(공민왕 11)에 공민왕은 홍건적을 피해 개경을 떠났다가 돌아오는 도중에 속리사에 들러서 통도사에서 가져온 부처 사리와 가사를 친견한 일도 있다. 충숙왕 때의 국사 자정국존 미수彌授는 1327년에 이곳에서 입적하고 그 비를 남겼다. 특이하게도 자정국존의 비는 수정봉 아래 절벽을 파내고 2m가 넘는 비를 새겨 끼워 넣었다.

법주사는 흔히 오천 명을 풀어놓아도 어디에 들어가 있는지 보이지도 않을 만큼 넓은 도량이라고 한다. 그래서 금강문에서 대웅보전에 이르는 여러 법당이 있는 신앙 공간과 동쪽의 요사채와 살림 건물을 담장으로 분리하였다. 승방과 요사채에 더하여 사리각과 세존사리탑, 선희궁 원당 등 주요부에 내부 담장을 만들어 특이한 성격을 갖는 공간의 영역을 구분하였다. 넓은 터전에 주석하는 상주 대중도 많아 요사채 건물들도 크고 넓은 공간을 갖추고 있다.

## 법주사의 세계유산적 가치

법주사는 8세기 중반에 참회 신앙을 선도하며 미륵신앙을 실천하는 법상종을 세웠던 진표율사와 그의 제자 영심이 창건한 산사이다. 미륵신앙의 전통은 이후 고려와 조선에도 지속되었고, 16세기 정유재란으로 소실되었다가 중창을 통해 빠르게 회복되어 현재에 이르기까지 단절 없이 한국 불교의 미륵신앙의 전당으로 자리매김하고 있다. 법주사는 속리산 기슭의 달천 상류 주변에 펼쳐진 드넓은 평지형 입지에 자리를 마련한 후 입지가 확대되어 오늘날의 규모에 이르렀다. 창건 시기에는 미륵불을 봉안한 산호전을 중심 영역으로 하였고, 이후 북쪽으로 확장하여 17세기에 현재의 공간 구성 요소를 갖추었다.

종합 승원으로서 법주사는 출가자와 신도들의 신앙과 수행, 생활 공간의 다양한 건축물들이 있다. 신앙 공간으로는 대웅보전, 팔상전, 원통보전, 명부전, 응향각, 용화전이 있다. 융합적인 신앙을 보여주는 건축물로 삼성각, 진영각, 선희궁원당이 있다. 선희궁원당은 1765년에 영조 후궁 영빈이씨의 위패를 봉안하고 제사를 지내기 위해 건립된 왕실신앙의 증거이다. 선희궁원당은 길상무늬와 별무늬로 장식한 담장을 쌓아 별도의 독립된 공간으로 구성하고 전면에는 유교식 솟을삼문을 설치하였다. 출가자와 신도들의 수행을 위한 공간으로 선방인 총지선원과 학인 승려의 교육 공간인 강원이 있다. 생활공간으로는 염화실, 궁현당, 요사채와 종무소가 있다.

법주사는 미륵신앙의 전당이다. 처음 미륵불을 봉안했던 산호전을 예경의 대상으

법주사 철야 미륵기도 ⓒ 산사세계유산등재추진위원회

로 삼아 물을 담는 석조, 미륵불에게 법을 전하고자 기다리는 가섭존자상, 청정한 연꽃과 청정수를 올리는 석련지, 전형적인 팔각석등과 특이한 형식의 쌍사자석등과 같은 석조 시설물을 조성하여 이들 신라 유산들을 현재까지 잘 보존하고 있다. 법주사는 17세기에 한국 유일의 목탑 형식 목조건축물인 팔상전과 중층건물인 대웅보전을 중건하여 미륵신앙과 석가신앙이 두 개의 축을 이루는 구도를 형성했다. 대웅보전의 석가신앙이 등장했음에도 불구하고 법주사의 주된 신앙으로는 창건 이래의 미륵신앙이 현재까지 중심 신앙으로 지속되고 있다.

법주사의 마당은 산사에서는 매우 넓은 입지이다. 법주사는 팔상전을 중심축으로 관음봉–대웅보전–팔상전–천왕문을 잇는 남북축과, 수정봉–미륵대불–팔상전을 잇는 동서축이 직교하는 구성이 특징이다. 중심 영역 안에서 선희궁원당과 같은 특수한 영역을 따로 구성하여 공간 구성에 신앙이 영향을 미친 사례가 된다. 청동미륵대불은 20세기에 제작한 것이지만 그 역사성을 계승하기 위해 몇 차례의 시도 끝에 완성한 법주사 미륵신앙의 상징이다. 이 대불은 창건기에 존재했던 미륵불을 봉안한 산호전이 19세기 후반에 궁궐 조성에 동원되어 없어진 후 그 자리에 대불로 새롭게 조영한 것이기 때문이다.

법주사에서 가장 특징적인 의례는 미륵대불 기단 하부에 조성한 용화전龍華殿에서 매달 음력 16일에 수많은 신도와 승려들이 철야 정근기도를 거행하는 미륵기도이다. 이는 법주사가 창건 당시부터 표방했던 미륵신앙을 오랜 세월에 걸쳐 구현해온 신앙 활동으로서, 산사의 정체성을 지켜가는 중요한 의식이다. 또한, 신도들은 보살계를 받고 불교신자임을 인증받는 법회 등을 통해 수행자와 신자의 신앙생활이 연결되는 다양한 의례 속에 법주사 신앙공동체를 유지하고 있다.

## 법주사의 역사

법주사는 8세기 중반에 진표와 그의 뜻을 계승한 제자 영심이 창건하였다. 법주사는 진표가 선도한 참회신앙과 미륵신앙을 바탕으로 운영되는 법상종 사찰이었다. 법주사는 8~9세기에 많은 전각을 건립하고 석조물을 조성하였다. 법주사는 미륵전[산호전]의 금신金身 장륙상丈六像이 유명하였다. 석조물은 석련지, 가섭존자상, 사천왕석등, 쌍사자석등 등 미륵상에 대한 공양과 관련된 유물들이었다.

법주사는 고려시대와 조선시대에 법주사 또는 산 이름인 속리사俗離寺라고 불렸다. 1006년(목종 9)에는 28통으로 이루어진 50척 높이의 당간幢竿을 세워, 조선 말기까지 남아 있었다가 1866년에 철거되었다. 1070년(문종 24)에 문종의 왕자 도생 승통은 출가하여 속리사에 주석하였고(111, 금산사혜덕왕사비), 1119년에 예종의 왕자인 광지 대선사는 왕명에 의해 법주사 주지가 되었다(1158, 해동광지대선사묘지명). 김부식은 법주사에서 개최된 점찰회占察會의 소를 지었다. 그는 "보현보살의 서원은 화엄경에 설했고, 진표스님의 수행은 미륵불에 감통했다. 불법의 가르침은 길이 행해지고, 불법의 은택은 항하의 모래같이 두루 미친다."고 하여, 진표 계통의 점찰수행이 고려시대에도 지속되었음을 확인해 준다. 1327년에는 법주사에 주석하던 법상종의 고승인 자정국존이 입적하여(1342, 속리산법주사자정국존비), 그의 비를 법주사에 세웠다. 1362년(공민왕 11)에 공민왕은 홍건적을 피해 개경을 떠나 경상도로 피난했다가 돌아오는 도중에 이곳에 들러서 통도사에서 가져온 부처 사리와 가사를 보았다. 1424년(세종 6)에 불교 교단을 선교 양종 36개사로 축소할 때 교종 소속으로 전지 2백 결에 거승 1백 명을 인정받은 대찰이었다(1424, 『세종실록』 6년 4월 5일 기사). 조선 전기에는 세조와 가까웠던 신미의 역할로 법주사 일대는 크게 활성화되었다(1464, 『세조실록』, 10년 2월 28일 기사).

법주사는 정유재란으로 큰 피해를 입었다. 이후 1602년(선조 35)에 사명대사가 주도하여 시작한 팔상전의 재건은 1605년에 심주를 세웠으나 1626년에 완공되었다. 1618년에 대웅보전을 중건하였고(1715, 대광명보전사도중수상량문), 벽암대사가 참여하여 1626년에 석가 비로자나 미타 삼신불을 이 안에 봉안하였다. 이 중건으로 팔상전에서 산호전을 잇는 축과 팔상전에서 대웅보전을 잇는 축이 직교하게 되었다. 1710년(숙종 36)에는 세존사리비를 세웠고, 1765년에는 영조의 후궁인 영빈이씨의 선희궁원당을 건립하여(1765, 「영빈방수본」), 왕실 원찰의 기능을 지속하였다.

팔상전은 한국의 유일한 목조건물 형식의 오층탑이다. 1626년에 재건하여 큰 수리 없이 원래의 모습을 유지해 왔다. 1895년에 중수가 이루어졌고(2013, 『보은법주사팔상전정밀실측조사보고서』), 1968~1969년에 해체 수리 공사가 이루어져 전체적인 보수

봄꽃 내린 법주사 경내

공사를 시행하였다(2013, 『보은법주사팔상전정밀실측조사보고서』). 1995년에 지붕의 기와를 바꾸었고, 2013년에는 5층 지붕 부분을 해체 수리하고 실측 보고서의 간행으로 건축 부재의 상세한 기록을 확보하여 이후 보존에 도움이 되도록 하였다(2013, 『보은법주사팔상전정밀실측조사보고서』).

대웅보전은 1618년에 재건한 이후 여러 차례 중수를 거듭하였다. 1678년과 1785년, 1850년과 1870년에 계속 중수가 이루어졌으며, 1894년에도 중수하였다(1894, 「대웅전중수상량문」). 근래에 들어 1967년에 중수하였고(2005, 『법주사대웅전실측수리보고서』), 1996년에 기와를 새로 했으며(2005, 『법주사대웅전실측수리보고서』), 2002~2005년에는 대웅보전을 해체 수리하는 대대적인 보수 공사 끝에 오늘의 모습을 갖추었다(2005, 『법주사대웅전실측수리보고서』).

법주사: 충북 보은군 속리산면 법주사로 405

홈페이지: http://www.beopjusa.org

# 麻谷寺

# 5 마곡사

십승명당 마곡사

마곡사의 세계유산적 가치

마곡사의 역사

© 산사세계유산등재추진위원회

# 십승명당 마곡사

맑은 시내를 사이로 넉넉한 대광보전과 치밀한 영산전의 같고 다른 세계가 펼쳐진 곳이 마곡사 가람이다. 진리의 마당과 수행의 터전은 해탈문에서 따로 또 같이 새 공간을 연다. 마곡사가 마곡천을 가운데 두고 북원北院과 남원南院 양쪽으로 전개된 터전이기 때문이다. 마곡천은 경내를 지나 S자형으로 휘어지면서 흐른다.

마곡사는 태화산泰華山(423m)을 주산으로 삼는다. 하지만 태화산은 영산전이 있는 남원의 주산이며, 주불전 영역인 북원은 속리산 지맥인 무성산에서 내려온 줄기에 터를 마련했다. 마곡사는 산골짜기를 흘러온 시냇물이 서쪽에서 시작하여 동쪽으로 흘러들어와 사역을 휘감고 돌아 다시 남쪽으로 빠진다. 그래서 앞쪽 안산이 배산을 들여다 볼 수 없게 막고 있는 최상의 길지吉地라고 한다. 물이 동서로 사역을 관통하며 흘러 사역을 태극 모양으로 나눈 모습이다. 풍수로 보자면 마곡사 터는 구름 가운데 반달이 떠 있는 운중반월형雲中半月形 형국이라 한다.

무엇보다 마곡사는 이 좋은 터전이 십승지지十勝之地로 널리 알려졌다. 십승지지는 물水災 불火災 바람風災, 또는 하늘天災 땅地災 사람人災 등 온갖 재난을 일컫는 삼재三災가 들어오지 못하는 곳이다. 자연 환경이 좋고, 외침이나 정치적 피해가 없으며, 자족적인 경제생활이 가능한 입지라고 한다. 정치사회적 혼란과 경제적 피해를

마곡사 해탈문

감수해야 했던 전통시대 사람들이 바라던 이상향이 이런 터였다. 여러 사람들이 즐겨 보던 『정감록鄭鑑錄』에 몸을 보전할 수 있는 열 곳 좋은 터를 들었고, 그중에 '공주公州 정산定山 심마곡深麻谷'이 있다. 공주 계룡산은 유구와 마곡 두 물골의 둘레가 2백 리나 되어 난을 피할 수 있다는 것이다. 지금도 물길을 따라 마곡사를 찾아 나서지만, 하늘에서 마곡사 주변을 돌아보면 산태극山太極 수태극水太極의 산과 강이 돌고 도는 지세를 실감할 수 있다.

마곡사는 마을로부터 1km 남짓 떨어져 태화산 남쪽 계곡부에 위치한다. 예전의 출입문이었을 해탈문解脫門에 이르면 두 개의 산줄기를 따라 북원의 대광보전 영역과 남원의 영산전 영역이 나뉜다. 계류로 둘로 나뉜 대광보전 영역과 영산전 영역의 주산이 달라서 대광보전 영역은 비교적 급경사지이고, 영산전 영역은 비교적 완만한 경사이다. 해탈문을 지나면 천왕문天王門이 나오는데, 두 문의 축선이 일직선이 아니다. 왜 그런가 했더니 곁으로 흐르는 계류의 방향에 맞춰 자연스럽게 동선을 구성했

마곡사 가람배치 © 산사세계유산등재추진위원회

기 때문이었다. 우리 산사가 자연을 거스르지 않고 그에 순응하며 터전을 마련하고 건물을 세운 대원칙을 여기서도 확인하게 된다. 진입축을 비스듬히 꺾어 자연스럽게 길을 이끌어 입지와 조화를 이룬 가람을 구성한 것이다. 천왕문을 나서서 북원 대광보전쪽으로 나가는 길은 마곡천 위에 놓인 극락교를 지나 이어진다.

마곡사의 창건 이야기는 분명하지 않다. 사적 자료 중에서 가장 오래된 1785년에 쓴 「대광보전중창기」에서는 자장이 창건했다 했고, 1851년에 작성한 「사적입안」도 이를 따랐다. 다만 마곡사라는 절 이름이 마곡보철麻谷寶徹이 전도하여 모인 사람들이 마처럼 많아 붙인 이름이라고 하였는데, 이 이야기가 실마리가 될 수 있다. 마곡보철

마곡사 남원에서 북원으로 건너가는 극락교

은 당나라 선승으로 신라 초기 선사들이 대부분 그에게서 법을 이어 왔다. 특히 신라 구산선문九山禪門의 최초로 꼽히는 가지산문迦智山門의 실제 개창자 보조선사 체징體澄 또한 그의 법을 이어 왔다. 아마 사적기에 보조선사의 이름이 나타난 것은 이 때문으로 추정된다. 곧 마곡사는 신라말 선종 사원이 건립되던 무렵에 창건된 선종 사찰인 것이다. 풍수적으로 뛰어난 마곡사의 입지가 이름난 풍수가 도선道詵이 정해 놓았다는 사찰로 꼽혀 손색없기 때문이다. 그 처음 터전이 북원 구역이고, 점차 개울을 건너 남원으로 확장된 것으로 생각된다.

북원 마당은 주불전이 둘이다. 대광보전大光寶殿 뒤로 대웅보전大雄寶殿이 연이어 자리잡고 있다. 두 불전은 자연지형의 경사를 최대한 수용하여 입지를 마련했다.

대광보전 앞에는 마당이 넓게 펼쳐져 개방감을 만끽하게 해준다. 마당 중심에 오

마곡사 북원 대광보전 마당

마곡사 대광보전과 오층석탑

층석탑(국보)이 서 있다. 석탑은 기단부와 탑신부는 여느 탑과 크게 다를 바 없으나, 상륜부 구성이 독특하다. 티베트불교에서 볼 수 있는 금동 보탑형寶塔形 상륜相輪이 있는 것이다. 정교하게 조각한 높이 1.8m 크기의 보탑은 최근에 보물에서 국보가 된 중요한 유물이다.

고려후기 13세기에 몽골이 침공하자 고려는 이에 맞서 싸우고자 강화로 천도한다. 외침을 막아내고자 분투하던 노력에도 불구하고 결국 몽골에 항복하고 원간섭기가 전개된다. 원나라는 티베트불교를 신봉했고, 고려는 원과 긴밀한 관계를 가지며 상호 문화 교류가 성행하게 되었다. 원의 요청에 따라 고려의 사경승들이 원에 파견되어 사경寫經 작업을 했고, 고려는 원의 영향으로 새로운 불교를 수용하기도 했다.

오층석탑의 이색적인 상륜부 보탑은 이 문화교류 현상을 확인해주는 증거이다. 금동 보탑은 기장자리에 변형을 준 3단의 방형 기단 위에 반구형 복발을 올렸다. 복발 위에는 발코니 형상이 있고 그 위에 여러 난으로 난간 모양의 구조물인 하르미카를 두고 산개를 덮은 위에 보주를 3단 올린 형태이다. 보탑의 크기도 크려니와 세부 묘사도 정밀한 우수한 조형이다. 이 보탑을 풍마동風磨銅이라고 부른다고도 한다. 오층탑의 2층 탑신 사면에는 사방불을 새겼다. 온 사방에 부처가 두루 있다는 생각을 표현한 새김이다. 대광보전의 화재 때 여기까지 불길이 미친 듯 군데군데 석재가 떨어져 나가고 불 먹은 흔적이 있어 안스럽다.

대광보전(보물 제802호)은 1782년에 화재로 피해를 입은 후 중건한 건물이다. 내부에 봉안한 비로자나불이 건물 정면이 아닌 서쪽에 동향하여 자리잡았다. 무엇보다 대광보전 내부는 마곡사의 조선말기 정체성을 잘 보여준다. 마곡사는 조선후기에 화승들이 크게 활동했던 불모佛母의 본향이었다. 조선후기에 불상과 불화를 조성하는 전문 승려들이 활발하게 활동하며 각기 계파를 이루어 많은 작품을 제작했다. 마곡사는 흥국사의 경산, 유점사의 북방과 함께 남방화소로 불린 3대 화소畵所의 하나로

마곡사 오층석탑 상륜부 금동보탑

마곡사 오층석탑 탑신 사방불

서, 불화장의 터전이었다.

그래서 자신들의 본향 주불전인 이 대광보전을 자신들의 손으로 아름답게 장식했다. 그 결과 대광보전 내부는 크고 작은 공간만 있으면 갖가지 불화를 가득 채워 그려 장엄하여 화려한 분위기를 자아내게 되었다. 들보의 용무늬는 물론 창방의 일반 장식 무늬, 창방 아래 벽면의 여러 조사도, 선종 조사들의 구도화, 포벽의 화초 그림과 일반 산수화에 이르기까지 온갖 그림들로 법당을 가득 장엄했다.

그 백미는 불단 뒷벽의 백의관음도白衣觀音圖이다. 불벽을 만든 고주高柱 사이에 종이를 여러 겹 발라 벽면을 만들고 섬세하게 그린 높이 5m가 넘는 대형 벽화이다. 벽면 전체를 차지하는 이 거대한 관음도는 보타락가산의 미소짓는 관음상인데, 선재동자가 관음 발치의 바닷가가 아닌 중간 바위 위에 서 있는 독특한 구도이다.

마곡사 대광보전 비로자나불상

마곡사 대광보전 내부 벽화

마곡사 대광보전 백의관음벽화

마곡사의 화승 계보는 근대에 활동한 화사 금호약효錦湖若效를 계승하는 흐름이다. 금호의 화맥은 보응문성-금용일섭으로 이어졌고, 현재 활동하는 불화 전문가 2백 명 정도가 금호의 계파에 속할 만큼 큰 비중을 차지하고 있다고 한다. 그래서 마곡사에서도 이 전통의 본고장으로서 불화승을 양성하는 금어원을 세워 불교문화 발전에 기여하려는 계획을 마련했다고 한다.

대광보전보다 한 단 위에 조성된 터에 대웅보전(보물 제801호)이 자리잡았다. 대웅보전은 외양은 2층이지만 내부는 통층으로 트인 법당으로 석가 약사 미타의 삼존불을 봉안하였다. 내부에는 4개의 싸리기둥이 있는데, 반드시 이 기둥을 안고 돌지 않으면 안 될 이야기가 전한다. 죽어서 염라대왕 앞에 가면 마곡사 싸리기둥을 몇 번이냐 돌았느냐고 묻는단다. 많이 돌수록 극락에 가깝고 아예 돌지 않았다면 지옥으로 직행이라고. 또 살아서 자식을 두지 못한 사람이 이 기둥을 안고 돌면 아들을 낳는다고 했단다. 그래서 마곡사 대웅보전 싸리기둥은 수많은 손길을 타서 윤기가 반질반질 돈다고 한다. 이승과 저승에서 두루 좋은 일을 주는 기둥이니만큼 열심히 잘 산 사람도 한번 찾으면 눈여겨볼 일이다.

대웅보전에서 다시 내려오면 동쪽으로 요사채 구역이 담장으로 구분되어 있다. 이 중에 이층으로 이루어진 고방채는 저 먼 삼국시대부터 우리가 사용해온 전통 창고 형태를 잘 간직하고 있다. 세계유산 검증 과정에서도 전통을 이어 오늘에도 사용하는 생활문화로서 진정성을 평가받은 유산이다.

마곡사 대웅보전

마곡사 대웅보전 삼존불상

이어진 요사채 심검당 처마에는 김규진金圭鎭이 쓴 '마곡사' 현판이 걸려 있다. 김규진은 근대 서예가로 수많은 사찰을 탐방하고 그 절 이름을 유려한 필치로 써서 현판으로 남게 한 이이다. 마곡사에는 이보다 더 중요한 현판이 있다. '대광보전' 현판은 조선후기 예원을 이끌었던 강세황姜世晃의 글씨이고, '심검당' 현판은 정조 때 이름 날린 서예가인 조윤형曺允亨의 필치이다.

마곡사 고방

마곡사에서 특이한 곳은 대광보전 건너편 응진당 곁의 삼칸 건물이다. 이곳은 근대 한국의 으뜸가는 인물 백범 김구金九 선생이 머물던 곳이다. 백범은 명성황후가 시해된 1896년 일본군 중좌를 시해범으로 잘못 알고 나라의 원수를 처단한다고 살해하였다. 일본군에게 붙잡혀 인천교도소에서 복역하던 백범은 탈옥하여 1898년에 마곡사에 숨어 살았다. 아예 하은당을 은사로 출가하여 원종이라는 법명도 받았다. 마곡사 서편 개울가에는 백범이 삭발했던 바위도 남아 있다. 백범은 그의 일지에서 '사제가 삭도로 상투를 잘라 모래 위로 떨어지니 머리털과 같이 눈물도 똑 떨어졌다'고 술회하였다. 백범은 광복 후 1946년 다시 마곡사를 찾아 자신이 머물던 곳에 향나무를 심었고, 이 나무는 지금도 푸르름을 자랑하고 있다.

북원에서 마곡천을 건너 거꾸로 나오면 해탈문 언저리 서쪽으로 조성한 축대 위로 남원 영산전 구역이 자리잡고 있다. 영산전 영역은 북원에서는 보지 못했던 조선 후기 산사의 기본틀인 사동중정형 구조를 갖추고 있다. 매화당과 수선사, 흥성루가

강세황이 쓴 마곡사 대광보전 현판

김규진이 쓴 마곡사 현판

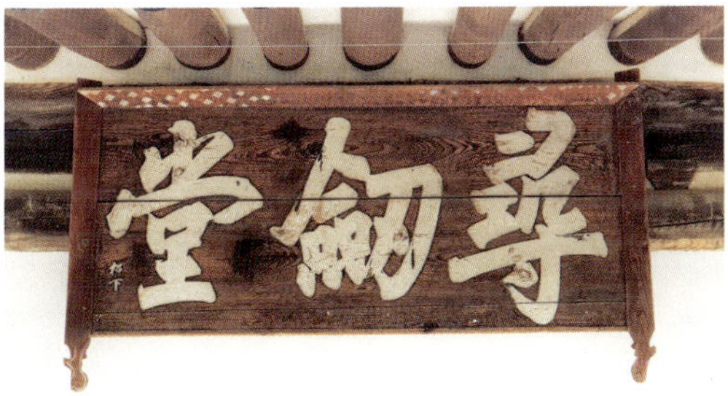


조윤형이 쓴 마곡사 심검당 현판

세조가 썼다고 전승되는 마곡사 영산전 현판

마곡사 백범당

마곡사 남원의 영산전

마곡사 영산전 내부 천불

이루는 마당 공간이다. 현재는 모두 선 수행 공간으로 사용하는 조용한 공간이다.

영산전(보물 제800호)은 마곡사에서 가장 오래된 건물로서, 과거 7불과 천불을 봉안한 천불전千佛殿이다. 기둥이나 대들보와 같은 구조재의 가공을 최소화하여 자연스러운 모습을 보여준다. 현판은 세조가 써서 내린 것이라고 전하는데, 명확한 전거는 찾지 못하고 있다. 영산전 자리는 태화산 군왕대의 혈자리로, 모든 기운이 모여 영험이 가장 큰 자리로 전해 온다. 그만큼 기도 효험이 많은 전각이라고 한다. 영산전 절반을 가득 채워 한데 모인 천불은 새롭게 금을 올려 단청이 바랜 옛스런 건물과 전혀 다른 느낌으로 공존한다.

## 마곡사의 세계유산적 가치

마곡사는 선종 사찰이 확산되던 9세기 중반에 창건된 산사이다. 이후 고려와 조선을 거쳐 현재에 이르기까지 단절 없이 계류를 사이에 두고 양원을 구성하여 석가신앙을 구현하는 산사의 특성을 이어왔다. 마곡사는 태화산 기슭의 마곡사천 주변에 펼쳐진 평탄한 입지에 자리잡았고, 사세가 확장됨에 따라 계류를 사이에 두고 북원의 대광보전 영역에서 남원의 영산전 영역으로 영역을 확대하여 오늘날의 규모에 이르렀다. 임진왜란으로 전 사역이 큰 피해를 입었으나 중건으로 원모습을 회복하여 18세기에 현재의 공간 구성 요소를 갖추었다.

미곡사는 종합 승원으로서 출가자와 신도들의 수행과 신앙, 생활 공간의 다양한

마곡천 너머 보이는 마곡사 북원

건축물이 있다. 신앙 공간으로는 대광보전, 대웅보전, 응향각, 조사당, 응진전, 영산전, 명부전, 영각이 있다. 대광보전은 서쪽에 앉아 동쪽을 바라보는 비로자나불을 봉안한 독특한 구성의 중심 전각이며, 대웅보전은 석가 약사 미타의 삼신불을 봉안한 전각이다. 영산전은 가공을 최소화한 구조재를 사용한 건축물로 과거7불과 천불을 봉안하였다. 출가자와 신도들의 수행 공간으로는 수선사와 매화당, 강당이 있다. 수선사와 매화당은 선 수행 용도로 쓰이는 건물이며, 강당에서는 승려들의 경전 교육이 이루어진다. 출가자와 신도들의 생활을 위한 공간으로는 심검당, 요사채와 창고 건물인 고방이 있다.

마곡사의 공간 구성은 계류를 사이에 두고 양원식으로 전개한 특징적인 구성이다. 북원은 큰 마당 가운데에 14세기에 건립된 티베트식 상륜부를 갖춘 오층석탑이 있고, 주변으로 대광보전과 요사채가 자리잡아 개방된 공간을 연출한다. 남원은 작은 마당을 중심으로 영산전, 좌우 요사채, 흥성루가 사면형 구성을 보인다. 남원에

마곡사 대광보전 내부 벽화

해탈문과 천왕문을 두어 계류를 건너 북원에 이르도록 지세를 따라 자연스럽게 굽어지는 진입 동선은 마곡사의 공간 구성이 지세를 거스르지 않고 형성한 것임을 입증해 준다.

마곡사의 주목할 만한 의례는 불모다례재佛母茶禮齋이다. 마곡사에서는 불화를 그리는 유명한 화승들이 많이 활동하였는데, 오늘날까지 그들을 추모하는 불모다례제를 봉행하고 있다. 또한 마곡사의 요사채 중에 고방은 원형이 잘 남아 있어 승가공동체의 전통적인 생활 면모를 확인해주는 유산이다. 고방은 음식물이나 물건을 보관하는 용도의 건물로 중요한 생활공간인데, 마곡사 고방은 이층으로 이루어져 각층에 환경적으로 적절한 배치를 하고 있어 다른 곳보다 특징적인 생활 공간을 보여준다.

## 마곡사의 역사

마곡사는 9세기에 선종 사찰로 창건하였다. 마곡사는 처음에 계류 북쪽 대웅보전 구역에서 시작되어 남쪽 구역으로 사역을 확대하였다. 1295년에 건립한 일연一然선사비에 그의 문도 중에 마곡사 수예守猊대선사가 있어, 마곡사는 고려 후기에 조계종에 속했던 사찰이었음을 알 수 있다. 대광보전 앞마당에 14세기에 조성한 오층석탑이 있는데, 이 석탑은 티베트식 금동 상륜부와 2층 탑신 4면에 사방불을 새긴 독특한 양식으로, 당시 원나라와의 활발한 교류를 확인할 수 있다.

일연선사비의 수예에 이어 1359년에 세운 각진覺眞국사비에서도 각진국사의 제자들이 마곡사 등에 천여 명이 된다고 한데서 마곡사가 선종의 주요 사찰로서 역할을 하였음을 알 수 있다. 마곡사에 보존해 온 『사적입안』에는 조선 세조가 마곡사에 유람하여 만세도록 없어지지 않을 땅이라고 찬탄하며 '영산전' 편액을 써서 내리고 잡역을 면제하는 패를 하사하였다고 하나 다른 기록에서는 확인할 수 없다.

극락교 아래로 흐르는 마곡천

마곡사는 임진왜란 당시 의병의 집결지였던 까닭에 극심한 피해를 입었다(1594, 『선조실록』 27년 2월 6일 기사). 이후 1650년에 공산현감 이태연의 시주로 중창을 시작하여, 선당을 고치고 약사전을 중수하였다(1851, 『사적입안』). 이때 마곡사는 종이 만드는 사찰[紙所寺刹]이라는 특성을 갖게 되어 조정에 종이를 만들어 보냈다. 1682년에 영산전을 중건했고(1682, 「태화산마곡사천불전중수문」), 1780년에는 대웅보전을 중수했으며(1780, 「태화산마곡사이층전중수기」), 1785년에 대광보전을 중건하여(1785,「대광보전중창기」), 현재의 가람 형태를 구성하였다.

1789년(정조 13)에는 정조의 후손을 얻기 위해 정순왕후가 농산대사에게 천일기도를 올리도록 했고, 그 법손인 체규가 기도를 마쳐 마침내 순조가 탄생했다고 전한다. 1816년에는 불탄 총지료를 건립했고, 1842년에는 영산전을 중수하고 불이난 매화당을 중건하고 향각을 새로 건립했다. 1844년에는 홍성루를, 1846년에는 해탈문 약사전

매화당 공루를 중수했고, 1852년에는 나한전을 개건하고 대광보전의 번와와 홍성루 해탈문 연대암의 중수를 시행했다. 1855년에 큰 불로 심검당을 비롯한 100여 칸의 건물이 불타자 공명첩을 제공한 조정의 지원으로 1855년에 심검당을 중수하였다. 1862년에는 삼조사 영당, 1905년에는 대웅전, 1910년에는 천왕문과 해탈문, 1923년에는 대웅전을 중수하였고, 1939년에는 영산전 북쪽에 명부전을 건립하였다.

마곡사의 주불전은 대광보전과 대웅보전이다. 대광보전은 1782년에 불타 1785년에 중건한 마곡사의 중심 불전이다(1785, 「대광보전중창기」). 대웅보전에 비해 수리 기록이 적어 1851년에 기와를 새로 했다는 기록이 있는 정도이다(1851, 태화산마곡사사적입안). 근래에 들어 1986년과 1992년에 지붕을 해체 보수하였고(2012, 『공주마곡사대웅보전대광보전정밀실측조사보고서』), 2000년과 2003년에 지붕을 보수하고 2006년에 기와를 보수하여 오늘에 이르고 있다(2012, 『공주마곡사대웅보전대광보전정밀실측조사보고서』).

대웅보전은 1780년에 중수한 건물이다(1780, 「태화산마곡사이층전중수기」). 대장전이라고도 기록했는데, 대광보전보다 중수 기록이 더 많다. 1831년에 중수한 후(1831, 「태화산마곡사이층대웅보전중수기」), 1923년에 중수하였다(2012, 『공주마곡사대웅보전대광보전정밀실측조사보고서』). 근래에 들어 1986년과 2003년에 지붕을 보수하였고(2012, 『공주마곡사대웅보전대광보전정밀실측조사보고서』), 2010년에 하층 지붕을 해체하고 연목을 보수하여 오늘에 이르고 있다(2012, 『공주마곡사대웅보전대광보전정밀실측조사보고서』).

마곡사: 충남 공주시 사곡면 마곡사로 966

홈페이지: http://www.magoksa.or.kr

仙巖寺

© 산사세계유산등재추진위원회

# 6 선암사

선암사 봄꽃

선암사의 세계유산적 가치

선암사의 역사

# 선암사 봄꽃

개울을 따라 흙길을 한참 걸으며 무지개다리를 건너 고풍스런 일주문을 지나 절마당에 이른다. 대웅전 중심에서 마디마디 뻗어 나간 영역들이 총림의 크나큰 품을 이룬다. 조계산曹溪山 정기를 모아 절 기운이 으뜸이라는 선암사仙岩寺를 찾는 길이다.

선암사의 창건은 9세기에 풍수설의 대가 도선道詵이 정해놓은 비보사찰裨補寺刹 중의 하나로 시작된다. 본래 선암사에는 고려 때 대각大覺국사 의천義天이 중창했다는 이야기가 전승되어 왔다. 산내암자로 대각암大覺庵이 있고, 그곳에는 대각국사 승탑僧塔으로 알려진 고려 전기의 뛰어난 승탑이 남아 있기도 하다. 또 1147년에 그렸다고 기록한 「조계산선암사대각국사중창건도기」라는 그림에는 위에서 내려다 본 선암사의 비교적 소상한 건물 배치도, 주변 암자 등의 그림과 설명이 있는데, 당시 가람 규모가 법당 13, 전사殿舍 12, 요방寮房 26, 산암山庵 19개의 방대한 규모라고 하였다. 불전이나 요사채 그리고 암자가 70여 개를 헤아릴만큼 큰 절이었다는 말이다. 그러나 대각국사의 생애에서 선암사 지역에 갔던 행적은 찾을 수 없다. 대각국사가 1094년 5월부터 1095년 10월까지 해인사에 은거한 사실은 있지만, 그가 선암사에 들렀던 자취는 확인할 길이 없다. 건도기 그림 자체도 고려 때가 아니라 18세기의 선암사 모습을 그린 것이다.

선암사로 들어가는 선암사천 옆 흙길

선암사 승선교

선암사 가람배치 © 산사세계유산등재추진위원회

선암사에 관한 사적 중에서 가장 이른 시기의 것은 1704년에 작성한 「선암사사적仙岩寺事蹟」이다. 여기서는 선암사가 도선이 정해 놓은 3,500개 비보사찰 중의 하나로써, 영암 용암사와 광양 운암사와 함께 남방의 삼암三岩을 이룬다고 하였다. 현재 선암사에 남아 있는 대웅전 앞의 쌍삼층석탑이 9세기 양식인 것으로 미루어 볼 때 도선

시기의 창건설이 타당성을 갖는다. 선암사라는 이름은 신선이 바둑 두던 바위에서 비롯되었다고 하기도 하고, 절 뒤쪽에 52척 되는 큰 배바위가 있어 선암船岩이라 하던 것이 선암仙岩으로 바뀌었다고도 한다.

사적에는 선종사찰 선암사에 1철불鐵佛 2보탑寶塔 3부도浮圖가 있다고 했다. 1철불은 각황전覺皇殿에 봉안되어 있는 불상으로, 고려초에 조성한 것으로 추정한다. 2탑은 대웅전 앞의 탑으로 9세기 양식을 보인다. 3부도는 선조암禪助庵 무우전無憂殿 대각암大覺庵에 있는 것인데, 무우전 승탑(보물 제1185호)은 아도, 선조암 승탑(보물 제1184호)은 도선, 대각암 승탑(보물 제1117호)은 대각국사의 승탑이라고 전해온다. 실제 조성 연대는 선조암 승탑은 10세기, 무우전 것은 10세기 후반에서 11세기 전반, 대각암 것은 11세기 후반에서 12세기 초반으로 추정한다. 대각암에는 대각국사 진영(보물 제1004호)도 전해 와서, 대각암과 대각국사의 연결고리는 꽤 오래 전부터 이어져 왔음을 알 수 있다. 사적에서 말하는 선암사 보물은 대체로 고려 중반까지 조성된 선암사 인근 유물을 망라한 것이다.

신라말의 역사를 떠올리며 찾는 선암사길은 길게 개울 따라 이어지는 진입로에서 기분 좋게 시작된다. 요즘 많은 산사가 문명의 혜택을 입어 진입로 흙길을 포장도로로 바꾼 지 한참 되었지만, 선암사만은 옛길 그대로 흙냄새 맡으며 개울물 소리를 따라 유유자적하게 걸을 수 있다. 뿐만 아니라 경내 건물들도 고색창연한 것들이 대부분이다. 역설적이게도 선암사가 최근까지 주인을 두고 종단 간에 다툼이 끊이지 않는 바람에 현대화의 혜택을 보지 못해 옛모습을 그대로 간직하고 있기 때문이다. 그래서 그런지 한국인들에게 가장 좋아하는 절을 물을 때 첫손 꼽히는 곳이 선암사라고 한다.

한동안 흙길에 취해 걷다보면 역시 가장 아름다운 자태를 내보이는 무지개 돌다리 승선교昇仙橋(보물 제400호)에 다다른다. 아는 이는 이 길목에서 꼭 개울에 내려가

선암사 일주문

아치 사이로 강선루降仙樓 건물을 담아 보고 나서야 다시 길로 올라온다.

승선교 아치 중간 부분을 잘 살펴보면 용이 동전 한 잎 물고 있는 것을 볼 수 있다. 얼른 보이지 않아 유심히 찾아봐야 한다. 그 유래는 이렇다. 18세기에 호암護岩대사가 어렵게 시주를 모아 대대적인 선암사 불사를 마쳤다. 시주와 비용을 헤아려보니 딱 세 냥이 남았다. 이걸 어찌할까 고민하던 대사는 용이 물고 있도록 구상했다. 시주의 후원은 한 푼이 소중하다는 것을 일깨우기도 하고, 다음 불사 때는 또 이를 종잣돈으로 후원을 모아보리라는 기대도 있었다. 언젠가부터 그중 한 잎만 남아 있다. 한 잎이든 세 잎이든 시주를 하늘같이 소중히 여기던 옛 선조들의 마음가짐을 보는 것 같아 절로 미소를 떠올리는 현장이다. 지나치는 사람들에게는 푸른 잎 새로 돋는 봄날 개울에서 맞는 승선교나, 단풍 날리는 가을날 승선교나 빼어난 운치를 즐기며 마찬가지로 지날 뿐이다.

다시 발길을 재촉하면 저만치 일주문이 보이는 자리에서 삼인당三印塘을 만난다. 불법의 기본 이치인 삼법인三法印을 형상화한 연못이라고 하는데, 풍수에서는 선암사 기운이 빠져 나가는 것을 막아주는 역할을 하도록 만든 것이라고 한다. 여기서 왼쪽으로 빠지면 송광사로 넘어가는 조계산 등산길이다. 그러니까 승보사찰로 이름난 청정산사 송광사와 산세 기운 넘치는 천년고찰 선암사는 884m의 조계산 이쪽저쪽 자리를 나누어 차지하고 있는 명찰들인 셈이다. 송광사가 안온한 느낌으로 수행하기에 적절한 기운을 준다면, 선암사는 굳센 기운을 내뿜는 호방한 자리라는 차이가 있다.

선암사는 산간 골짜기 끝자락인 곡저부谷底部에 위치하고 있어 가장 전형적인 전통산사의 입지 패턴을 보여준다. 사역의 북동쪽과 북서쪽에 깊은 계곡이 발달하여 양 계곡에서 흐르는 물이 사역을 감싸고 돌아 동남쪽에서 선암사천으로 합쳐 흐른다. 이런 형세는 풍수에서 득수의 최적지이고 장풍에도 적합한 장군대좌형將軍對坐形 명당이라 한다. 그래서 선암사는 산은 맑고 물은 고우며 봉우리는 겹겹이요 계류는 잔잔하니 호남에서 제일가는 명찰이라는 자부를 전승해 왔다.

선암사는 정유재란 때 전통의 보물인 1철불 2보탑 3부도와 문수전 측간 조계문 외에는 모두 불타고 말았다. 이후 몇 차례에 걸쳐 중건이 이어졌다. 그중에서도 1698년부터 1704년까지 이루어진 호암약휴護岩若休 때의 4차 중창으로 면모를 일신하였다. 원통각 대법당 오십전 승선교 등이 순차적으로 건립되어 현재의 구성을 대체로 갖추게 된 것이다. 이 내용은 1707년에 채팽윤蔡彭胤이 쓴 「승평부조계산선암사중수비명」에 실려 분명하게 알 수 있다. 호암대사의 4차 중창으로 법당 8, 전각 12, 승방 16, 암자 15개소에 승려 350명이 사는 대가람이 이루어졌다고 한다. 이후에도 1761년에 대규모로 중창했고, 다시 화재를 만난 후 1824년에 대웅전을 비롯하여 독립적인 네 영역으로 이루어진 당우를 재건하여 현재와 같은 대규모 가람구조를 이루었다.

화재 피해를 많이 입었기에 선암사는 화재에 크게 민감했다. 한때 '조계산 선암

선암사 대웅전 마당

사'를 '청량산淸涼山 해천사海川寺'로 바꿔 부를 정도였다. 물로 불을 진압했으면 할 만큼 절실한 마음이 드러난 이 현판은 지금도 일주문 뒤쪽에 걸려 있다. 또 심검당의 창호 위 벽면 중앙에 '해海' '수水'라고 글씨를 투각한 것도 화재를 방지하기 위한 바람도 담긴 조영이다.

대가람 선암사는 조선후기에 많은 승려들이 모여 공부하고 수행하는 절로 이름났다. 1754년에 상월새봉霜月璽封대사가 선암사에서 화엄 강의를 열었는데, 전국의 각 절에서 무려 1,801명의 남녀 승속이 모여 동시에 강의를 들었다. 실제로 이때 동참했던 이들의 명단이 『해주록海珠錄』이라는 이름의 책으로 남아 있다. 이들은 적묵당 창파당 명경당 등 17개 건물마다 10여 명에서 2백여 명이 겨우 몸을 맞대고 지내며 강연을 빛나게 했다. 이 시기 선암사의 규모와 사상적 위상을 한눈에 알려주는 기록이다.

이런 대가람을 이룬 선암사는 여러 구역마다 자체적으로 분화된 살림 구조를 이룬 보기 드문 예가 되었다. 곧 심검당 한 채 안에 여느 독립된 절과 같이 방장실 이하 기능이 분화되어 조직적인 체계를 이루는 단위를 형성했고, 이런 단위가 무려 6개나 되는 육방六房체제를 갖추었다는 것이다. 실제로 심검당이나 설선당의 내부를 들여다보면 정원처럼 꾸민 마당을 둘러싸고 각기 기능이 분화된 방들이 조직적으로 운영되던 모습을 떠올릴 수 있다.

육방이 사역 전체에 전개되어 있으므로 선암사 전체 영역은 여러 건물이 작은 통로로 연결되며 일정한 구역을 형성하고, 이 과정이 반복되는 사역 전체는 마치 마을과 같은 구조를 갖는다. 특별히 공간을 구획하거나 동선, 시선 등을 차단해야 할 공간에만 내부 담장을 쌓아 영역을 구분한 것도 마을같은 느낌을 더한다. 크게 보면 선암사는 대웅전 영역(대웅전, 심검당, 설선당, 만세루, 지장전, 응향각), 원통각 영역(원통각, 팔상전, 불조전, 조사전, 진영각, 장경각), 응진당 영역(응진당, 미타전, 진영당, 달마전, 산신각), 각황전 영역(각황전, 무우전) 등 네 영역이 공존하는 형태이다. 이 네 영역은 각 영역마다 마당을 중심으로 불전을 배치하여 독립성을 갖는다. 선암사는 한 사찰 안에 여러 개의 영역이 공존하는 다중 구조의 공간 배치를 대표하는 유형으로서, 세계유산으로서 한국 산사의 한 정형성을 잘 보여주는 산사인 것이다.

일주문 앞에는 작은 개울 양편으로 차나무가 자라고 있다. 선암사 차밭은 대표적인 산사 차밭으로, 산사에서 그 토양을 길러낸 한국 차문화의 현재이기도 하다. 그렇게 들어선 일주문(보물)은 1540년에 중창하여 1719년에 중수한 것으로, 규모는 크지 않지만 우리나라에서 현존하는 가장 오래된 일주문이다. 일주문에서 범종루를 지나 만세루에 오르는 언덕은 사뭇 가파르다. 만세루는 남쪽 산사에서 많이 보듯이 누아래로 들어가는 누하樓下 진입이 아니라 누 건물을 돌아 진입하는 형식이다. 누각의 이름을 붙였지만 강당과 같은 용도로 사용한다. 선암사의 중심축은 일주문을 지나 만세루–대웅전–불조전–원통각–응진당으로 이어진다. 경사진 지형을 여러 개의

선암사 대웅전

선암사 대웅전 현판과 내부

선암사 대웅전 석가모니불좌상

단으로 나누고, 각 단마다 성격이 뚜렷한 전각을 배치하여 각각 하나의 독립된 기능을 갖도록 구성하였다.

선암사 주 마당은 대웅전과 만세루萬歲樓, 설선당說禪堂과 심검당尋劍堂으로 둘러싸인 사동중정형의 전형을 이룬다. 선암사 마당은 한국 산사의 가장 발달한 요사채 형태를 보여주는 것으로 이름나 있다. 승려와 신앙인들이 점차 많이 모여듦에 따라 요사

선암사 요사채 심검당

채가 확장되는데, 처음에는 一자형에서 ㄴ자형, ㄷ자형, 마지막에는 ㅁ자형으로 순차적으로 확대된다. 선암사의 심검당과 설선당은 가장 발달된 ㅁ자형 형태이다.

마당 가운데에 창건 시의 삼층석탑 2기가 양쪽에 서 있고, 다른 산사와 달리 괘불대가 여러 쌍 함께 자리잡고 있다. 삼층석탑(보물 제395호)은 선암사의 가장 오래된 유산으로 상륜부의 노반 복발 찰주까지 잘 남아 있다. 장중한 인상에 건실한 비례를 보이는 우수한 신라 전형 석탑이다. 석탑을 수리할 때 금동사리탑을 담은 청자 백자 사리함이 나왔다(보물 제955호). 괘불대가 여럿인 것은 아마 현재까지 선암사가 전통 의례를 끊이지 않고 이어온 거의 유일한 산사이고, 그만큼 의례 시연示演이 많았기 때문에 생긴 시설이 아닌가 여겨진다.

대웅전(보물 제1311호)은 커다란 불전 내부에 석가모니불 한 분만을 봉안하여, 여러 불상을 봉안한 여느 법당과는 다른 느낌을 보여준다. 대웅전 현판에는 '김조순金

선암사 원통각

祖淳'이라는 쓴 사람의 이름이 드러나 있다. 본래 현판을 쓴 사람의 이름은 겉으로 드러나지 않게 현판 뒤쪽에 새기는 것이 일반적이다. 조선후기에 들어 지방 관아나 유력자들이 사찰에 종이나 나물 등 특산물을 과도하게 요구하는 침탈이 사찰 운영에 큰 지장을 초래했다. 선조의 왕자인 의창군義昌君이 썼다는 현판을 드러내 왕실 인사의 이름으로 이를 방지하려는 의도에서 새긴 경우가 종종 있기는 하다. 아마 같은 의도에서 화재로 불탄 대웅전을 1824년에 중건하면서 당시 세력자이자 선암사와 인연이 깊은 순조의 외조부인 김조순에게 현판을 부탁하고 이를 새긴 것으로 보인다.

이런 사정을 생각하며 원통각으로 발길을 옮긴다. 원통각圓通閣이라는 현판을 걸었는데 외양이 특이하다. 건물 어칸 부분을 한 칸 앞으로 내밀고 두 기둥을 세워 따로 공간을 만들었다. 마치 사당의 전면 한 칸 부분이 기둥만 있고 비어 있는 구조와 유사하다. 그래서 지붕의 평면은 'T'자형이다. 이런 형태는 왕릉의 정자각丁字閣과 비숫하다. 아마 이곳 원통각에서 정조를 위해 왕자 탄생 기도를 올려 효험을 보았고, 1824년 대웅전을 중건할 때 원통각의 중수도 함께 이루어지면서 왕실을 위한 기도를 연상하면서 단장한 때문일 것이다.

순조가 쓴 선암사 원통각 대복전 현판

선암사 원통각 꽃창살

정조의 후사가 쉽게 생겨나지 않자 이름난 기도 사찰 여러 곳에서 왕자 탄생 기도를 올렸다. 마곡사에서도 있었다 한다. 선암사에서 해붕海鵬대사와 눌암訥庵대사가 기도를 올렸는데, 가장 효험이 있었다고 인정된 모양이다. 그래서 1790년에 탄생한 순조는 훗날 '인人', '천天', '대복전大福田'이라고 친히 쓴 글을 선암사에 내렸고, 지금도 이들 현판은 원통각에 걸려 있다. 대복전 현판에 '신유辛酉 맹동孟冬 하한下澣'이라고 방서가 쓰여 있어, 순조가 즉위한 이듬해인 1801년 12월 하순에 써 보낸 것임을 알 수 있다. 순조 12세의 글씨이다. 당연히 이후 원통각의 기도 효험은 전국에 널리 알려졌을 것이다. 그리고 마침 대웅전 중건에 맞추어 왕실의 지원을 받아 원통각 또한 가장 화려하고 장엄하게 꾸몄던 것으로 생각된다. 아래쪽 불조전보다 석단을 더 쌓아 올려 마련한 터전이므로 아래쪽에서 올라오면서 화려한 사방의 추녀를 바라보며 원통각에 이르게 된다. 어칸만 트이게 낮게 설치한 담장 너머로 전면의 공포와 T자 지붕으로 생긴 두겹의 추

꽃으로 덮인 선암사 원통각

녀가 만들어내는 화려한 선율은 목조건물의 아기자기한 아름다움을 대표한다.

원통각 구역의 아랫단에는 팔상전八相殿 불조전佛祖殿 조사전祖師殿이 차례로 지붕을 맞대고 자리잡았다. 내부에는 18세기 불교미술을 대표할 만한 뛰어난 불상과 불화가 봉안되어 있다. 선암사에 보존된 불화는 대부분이 문화재로 지정된 우수한 작품들이다. 팔상전의 화엄탱과 팔상탱, 조사전의 33조사탱(보물 제1554호)은 그중에서도 대표적인 유산들이다.

원통각 뒤쪽에는 수령 600년의 매화 '선암매'(천연기념물 제488호)가 기품 있게 서 있다. 그 뒤쪽으로 늘어선 매화들도 몇백 년씩 된 노매老梅이지만 비교가 안 된다. 선암사의 단풍도 아름답지만, 선암사의 가장 빛나는 시기는 온 사역이 꽃으로 물드는

선암사 선암매

봄날이다. 백여 년 전부터 아름다운 화초로 선암사 뜰을 가꾼 결과 요즘은 매화나 벚꽃이 온통 시각과 후각을 즐겁게 하는 꽃의 전당이 되었다. 봄이 피어나는 때 매화향기에 취하고, 봄이 무르익는 날 흩날리는 꽃잎 따라 두둥실 마음을 띄우노라면 여기저기 연못에도 물가에도, 마음속에도 벌써 꽃잎이 내려앉아 있다.

엄격하게 선 수행을 하는 곳인지라 보통 때는 들어가지 못하는 구역이지만, 응진당應眞堂 구역의 달마전達摩殿은 차를 좋아하는 사람들에게는 성지와 같은 곳이다. 달마전 담장 너머는 온통 자생 차밭이다. 그 차밭에서 흐른 물줄기가 댓가지를 타고 달마전 안뜰에 내려와 삼탕三湯을 만든다. 삼탕은 수조水槽 세 개를 거치는 물길이다. 1탕은 불전에 올리고, 사람들이 차를 마시려 얻는 물은 3탕에서 긷는다. 달마전 부엌

선암사 수조 삼탕

에는 차를 덖기 위한 가마솥이 걸려 있다. 그래서 달마전 툇마루에서 차를 한잔 마실 수 있다면 선암사에서 최고의 호사를 누리는 셈이다. 그러나 그런 호사는 거의 기대할 수 없다. 이곳은 일반인과 격리된 승려들의 선 수행 공간이기 때문이다.

우리나라의 차문화는 불교와 함께 시작되고 계승해 왔다. 신라 말 쌍계사에서 차를 시작한 진감眞鑑선사를 비롯하여 차와 절은 떼놓을 수 없는 관계이다. 근래 한국 차문화를 중흥시킨 이도 대흥사의 초의草衣선사이다. 물 좋은 우리나라에서 차문화가 비교적 크게 발달하지 않은 가운데 선 수행에 적절한 차문화가 산사에서 그나마 명맥을 이어 왔다. 산사가 산을 더불어 사는 대상으로 여기고, 산에서 먹거리를 얻는 것도 산사의 정체성의 한 부분이다. 선암사에서 지금도 차밭을 유지하며 차를 직접 생산하는 것은 산사의 경제생활 면에서도 중요한 의의를 지닌다.

선암사 측간

마지막 구역인 각황전覺皇殿 구역에는 고려시대 철불을 봉안한 작고 고운 각황전이 있다. 건물도 아름답지만 채색이 바랜 채 겨우 형태를 보여주고 있는 포벽의 벽화 또한 수준 높은 작품들이다. 이 구역 또한 수행 시설인지라 보통 때는 개방하지 않는 곳이다.

선암사에서 빼놓지 않고 이야기하는 건물이 측간이다. 본래 산사의 화장실은 이층 구조로 아래층을 개방하여 저절로 분해가 되도록 했던 자연친화적인 정화 시설이었다. 그런 건물로 가장 오래된 것이 이곳 선암사 측간(전라남도 문화유산)이다. 입구에는 '뒤ㅅ간'이라는 현판이 걸려 있어 더욱 옛스럽다. 지금은 정화지역을 완전 개방하지 않아 절충식으로 운영한다.

측간에서 대웅전으로 나와 발길을 잠시 멈추고 전각 너머 아스라이 드러나는 조계산 능선을 바라보며 생각을 마무리한다면 선암사 순례는 성공적으로 마친 셈이다.

마을 길 같이 작은 담장으로 나뉜 선암사 전각

## 선암사의 세계유산적 가치

선암사는 9세기 후반에 선종 사찰로 창건하였다. 이후 고려와 조선을 거쳐 현재에 이르기까지 단절 없이 한국불교의 다중 공간 구성을 대표하는 산사로 자리매김하고 있다. 선암사는 조계산 기슭의 선암사천 주변에 펼쳐진 평탄한 자리에 대웅전과 쌍탑을 중심으로 창건하였고, 사세가 확장되며 북쪽 방향으로 입지를 확대하여 오늘날의 규모에 이르렀다. 정유재란으로 소실되어 중창이 이루어졌고, 이후에도 몇 차례 화재를 겪으며 중창을 거듭하여 19세기에 현재의 공간 구성 요소를 갖추었다.

종합승원으로서 선암사는 출가자와 신도들의 신앙과 수행, 생활공간의 다양한 건축물들이 있다. 신앙 공간으로는 대웅전, 지장전, 원통각, 불조전, 팔상전, 조사전,

선암사 예불 법고

응진당, 미타전, 각황전이 있다. 대웅전은 내부에 석가모니불 한 분만을 봉안하였고, 대웅전 마당과 만세루에서 주기적으로 영산재를 거행하여 석가신앙을 표현하는 산사이기도 하다, 원통각은 'T'자형 평면의 독특한 모습인데, 왕실신앙의 구체적 현장이라는 특징을 갖는다. 토착신앙과의 융합을 보여주는 건축물로는 산신각, 삼성각, 진영각, 조사전이 있다. 수행 공간으로는 달마전, 설선당, 심검당이 있다. 달마전은 선수행 공간이며, 설선당과 심검당은 강원과 행자들의 교육 시설로 사용하고 있다. 생활공간으로는 응향각, 보물장, 삼전, 첨성각, 무우전, 무량수전, 적묵당, 해천당, 종무소, 해우소가 있다.

선암사는 많은 대중이 생활하는 대규모 산사였기 때문에 무량수전, 적묵당, 종무소, 설선당, 심검당과 같은 사방으로 둘러싸인 'ㅁ'자형 건물을 6채나 보유하고 있다.

선암사 템플스테이 © 산사세계유산등재추진위원회

이들을 중심으로 사역이 몇 개로 구분되어 각기 독립적인 운영체제를 갖춘 육방체제로 불리기도 했다. 선암사의 화장실 해우소는 가장 오래된 형태의 전통적인 화장실로서 통풍이 잘 되어 냄새가 적고 분비물은 퇴비로 사용하여 자연친화적인 산사 생활의 일면을 보여주는 건물이다.

선암사 공간 구성의 가장 큰 특징은 중심 영역인 대웅전 구역이 주불전인 대웅전과 좌우의 대형 요사채와 만세루로 구성하는 마당 중심의 기본적인 사면 구성인데, 이 구성이 3개의 영역으로 확대되어 전체 가람이 4개 영역이 공존하는 다중 구조를 이루는 공간 구성이라는 점이다. 개별 영역은 성격이 뚜렷한 전각을 배치하여 각각 독립된 기능을 갖도록 구성하고, 개별 영역이 한데 모여 종합 승원을 이룬다. 대웅전 영역은 석가신앙, 원통각 영역은 다양한 신앙을, 응진당과 각황전 영역은 선 수행의 중심을 이룬다. 선암사는 후원에 넓은 차밭을 경영하고, 차밭에서 흐르는 물을 3단의 석조에 받아 활용함으로써, 산과 더불어 노동을 실천하는 산사의 면모를 보여주며 차문화의 전파도 선도하는 산사이다. 선암사 진입부에는 아름다운 무지개다리 승선교가 있는데, 주변 바위의 석각石刻에는 사찰의 유지를 위한 모임과 선암사를 관광했던 명사들의 이름이 새겨져 있어, 오랜 기간 동안 계승되어온 선암사의 신앙성을 증명한다.

## 선암사의 역사

선암사는 9세기에 선종 사찰로 창건하였다. 선암사는 도선이 비정한 3,500개의 절 자리 중에 호남의 삼암사 중의 하나로 전승되어 왔다(1707, 선암사중수비). 대웅전 앞에 서 있는 2기의 삼층석탑은 선암사의 창건 시기를 증명한다. 고려시대에는 대각국사가 중창하였다는 이야기가 전해 왔다.

선암사는 정유재란에 큰 피해를 입어, 철불 하나, 보탑 둘, 부도 셋 그리고 문수전과 조계문을  제외하고는 모든 것이 소실되었다. 부분적인 중수를 거쳐 1660년에 8년 동안의 중창불사를 추진하였다(1828, 「승평부조계산선암사제륙창건기」). 4차 중창을 이끈 호암약휴는 1698년 원통각, 1703년 대법당과 오십전, 1707년 승선교 불사를 지속적으로 추진하였다. 이 중창불사로 선암사는 법당 8, 전각 12, 승방 16, 암자 15개소에 승려 350명이 주석하는 대가람을 이루었다. 1713년에 계류 상에 석조기술을 반영한 돌다리 승선교를 완성하였다(1713, 승선교비). 1719년에는 일주문인 조계문을 중건하였다(1719, 「조계문중창상량문」).

선암사는 1759년에 대화재로 다시 큰 피해를 입었다. 화재 이전에는 대웅전, 불조전, 원통전, 판전, 능인전, 응진당, 무사전, 국사전, 적묵당, 무집당, 공사방, 서상

가을빛 가득한 선암사 경내

당, 동상당, 지장전, 고법당, 소재전, 천불전, 관음전, 만월당, 백련사, 성행당, 사의당 등이 있었다. 화재 후 1761년에 상월새봉 등의 노력으로 551명의 역군이 동원된 5차 중창을 시행하여 원통각, 팔상전, 불조전 등을 중건하였다. 그리고 화재를 대비하려는 의도에서 절 이름을 '청량산淸涼山 해천사海川寺'로 바꾸었다. 눌암선사는 원통각에서 정조의 세자탄신기원 백일기도를 올렸고, 1790년에 탄생한 세자는 이 인연으로 훗날 '대복전'이라는 현판을 써주었다(대복전현판). 1823년에 큰 화재가 나서 대웅전 명부전 정문루 향로전 등과 승당, 선당 등 요사가 소실되었다.

1824년에 해붕전령, 눌암 등이 제6차 중창을 시작하였고, 흥국사, 송광사, 화엄사, 대흥사 등 여러 절에서 승장을 보내 일을 돕고 선암사의 승려 300여 명을 동원한 대불사를 추진했다. 이때 대웅전에 이어 심검당과 설선당을 중건하였다(1828, 「승평부

조계산선암사제륙창건기」). 그리고 다시 절 이름을 해천사에서 선암사로 바꾸었다. 이 대웅전 중심 구조가 네 겹 중첩되며 선암사의 현재 구조를 완성하였다. 이런 모습이 근대까지 지속되어 1935년의 중창불사 상량문에는 대웅전, 원통각, 불조전, 팔상전, 대장전, 나한전, 명부전, 약사전, 진영각, 산신각, 장경각, 심검당, 설선당, 무우전, 소재전, 천불전, 창파당, 응향각, 대지전, 전문강원, 달마전, 미타전, 벽안당, 만세루, 강선루, 범종루, 대선루, 진남루, 조계문, 진여문, 대변소, 여관 등의 당우가 있다고 기록하였다. 전각 대부분이 현재까지 큰 규모의 중수나 변형이 이루어지지 않아 산사의 본래 면모를 잘 보여주고 있다.

선암사의 주불전은 1824년에 재건된 대웅전이다(1824, 「선암사대웅전중수상량문」). 석가불만을 봉안한 석가신앙의 중심이다. 근래에 이르러 2001~2002년에 대웅전을 해체 보수하고 실측 조사하여 이후 보존을 위한 자료를 확보하였다(2002, 『선암사대웅전실측조사및수리공사보고서』).

선암사: 전남 순천시 승주읍 선암사길 450

홈페이지: http://www.seonamsa.net

大興寺

# 7 대흥사

# 동백꽃 내려 앉은 대흥사 탑원

일주문을 나서면 만나는 승탑僧塔과 탑비塔碑가 즐비한 돌숲에 수행자의 진지한 삶의 발자취가 서려 있다. 누운 부처님을 닮은 대둔산 자락마다 굳건한 수행과 믿음의 터전들이 열린 대흥사의 들머리 풍경이다.

대흥사는 700m의 두륜산頭輪山 구곡수가 장춘동과 금강동 두 골짜기로 흘러 한 계곡과 합치는 가운데 자리에 자리잡았다. 풍수에서는 배가 움직여 나가는 모양을 하고 있는 행주형行舟形 형국이라고 한다.

예전에는 절 마을에서 2km 남짓 진입로를 걸어서 대흥사에 이르렀다. 지금도 가을날 단풍이 물든 때나 늦겨울 동백꽃이 흐드러진 때 이 길을 걷는 운치가 남아 있기는 하지만, 주차장까지 걸어서 가는 사람은 거의 없는 듯하다. 이런 현상도 도구가 편리함을 제공하면서 사람다운 맛이 줄어드는 사례 중의 하나다. 작은 차는 아예 새로 세운 일주문까지 밀고 들어온다. 그래서 요즘 대흥사 순례는 일주문 언저리에서 시작한다.

하지만 대흥사에는 그런 현대적 변화를 상쇄할 만한 뛰어난 진정성을 일주문 바로 지나 탑원塔院에서 확보하고 있다. 우리나라에서 가장 큰 규모로, 가장 이름난 인물들이 많이 모여 있는 탑원이다. 조선후기 특히 18세기에 불교계를 주도했던 인물들

대흥사 들어가는 동백숲길

이 거의 모두 이곳에 자취를 남겼다. 탑원에는 현재 58기의 승탑, 17기의 탑비, 10기의 비 등 모두 85기의 승탑 탑비 사적비 등이 있다. 이중에 13기의 승탑과 비는 1960년 이후에 세운 것이다. 승탑의 중심에 서산대사탑(보물 제 1347호)이 있다.

탑원을 지나 오르는 길에도 개울을 건너 동백을 마주보며 짧은 운치를 즐길 여유는 있다. 그리고 이내 해탈문解脫門에 다다른다. 해탈문에는 동국진체의 명가 원교員嶠 이광사李匡師가 쓴 현판이 걸려 있다. 이광사는 완도 옆 신지도에서 15년 유배생활을 했다. 그때 지식인들이 대개 그랬듯이 원교는 유배지에서 낙담하지 않고 서예 수련을 게을리하지 않았다. 조용히 많은 작품을 제작했지만 지역민들이 이 명필을 그

대흥사 가람배치 ⓒ 산사세계유산등재추진위원회

냥 둘 리 없었다. 그래서 인근 사찰에 원교의 현판이 심심찮게 남아 있다. 강진 백련사에도 여럿 있다. 대흥사에는 이것 말고도 '대웅보전' '침계루' 등의 현판이 더 있다. 현판은 건물의 얼굴인지라 누구의 현판인지에 따라 첫인상이 달라질 수도 있는 가치가 있다.

요즘 손꼽는 대흥사의 첫인상은 대둔산의 부처님 형상이다. 그리 오래되지는 않았지만 요즘의 대세다. 산사가 자연과 더불어, 산에 안겨 산과 함께 살고 있다는 생각에서 보자면 꽤 적절한 변화라고 할 수 있다. 과연 대둔산 능선이 부처님이 누워

동백꽃 맞는 대흥사 탑원의 승탑과 탑비

대흥사 해탈문

대흥사 마당에 펼쳐진 두륜산 와불

있는 형세로 보인다. 오른쪽에서 왼쪽으로 부처님 얼굴부터 지권인智拳印 자세를 한 두 손과 발끝까지 능선이 부드럽게 와불臥佛의 면모를 만들어간다. 대둔산에서 내려온 능선이 두륜봉을 지나 두륜산 정상인 가련봉과 노승봉 그리고 고계봉에 이르는 능선이다. 두륜봉이 얼굴, 가련봉과 노승봉이 오른손 왼손, 고계봉이 발에 해당한다고 읽는다. 세상에서 제일 큰 부처님 형상에 꼽힐 것이다.

발길을 왼쪽으로 돌려 두 나무가 한그루처럼 자란 연리근連理根을 지나 금당천을 건너면 대웅보전이다. 개울에 면해 지은 누각은 이곳 대흥사처럼 시내를 베고 있는 누각이라는 침계루枕溪樓라는 이름이 많다. 대웅보전 구역은 요사채 백설당白雪堂과 대향각大香閣과 함께 사동중정형 마당을 이룬다. 그런데 대흥사에서 가장 나이든 유산은 대웅전 옆 응진전 앞의 삼층석탑(보물 제320호)이다. 전형적인 9세기 석탑으로, 대흥사가 9세기에 도선이 지정한 비보사찰로 창건했음을 입증해 주는 증거이다.

사찰마다 더 유구한 역사를 가졌다고 내세우는 곳이 대부분이다. 당시 상황과 맞지 않는데도 자장과 원효 의상 심지어는 아도화상이 창건했다는 절이 부지기수이다. 대흥사 또한 아도화상이 창건했다는 이야기도 있었다. 그런데 대흥사는 일찍이 절의 역사를 바르게 정리할 기회가 있었다. 바로 다산茶山 정약용丁若鏞이 유배 와 머물던 인근 백련사 사지인 『만덕사지萬德寺誌』 편찬을 이끌고 나서 대둔사지 편찬에 지도적 역할을 맡으면서였다.

대흥사는 1823년에 사적기 『대둔사지大芚寺志』를 편찬하였다. 완호윤우와 아암혜

금당천 너머 대흥사 북원

대흥사 북원 한켠의 신라시대 삼층석탑

장이 지도하고, 수룡색성과 초의의 순이 편집하였으며, 기어자홍과 호의시오가 교정한, 사지 중에서 모범적인 편찬으로 손꼽히는 것이다. 편찬자는 이들 6인이지만, 『만덕사지』를 편찬하는데 지도적 역할을 했던 다산이 미친 영향이 컸다. 그런데 대흥사의 사지로는 이미 1639년에 중관해안中觀海眼이 편찬한 『죽미기粥迷記』가 있었다. 『대둔사지』는 『죽미기』가 잘못된 자료를 수록하여 혼란을 초래했다고 일일이 반박했다. 『죽미기』의 삼국시대 서술은 대흥사와 관계없는 사실도 수록했기 때문이다. 물론 그후에도 『죽미기』의 기록을 따르는 사적도 있지만, 12대 종사와 12대 강사의 활동을 부각시키는 것만으로도 조선후기 대흥사의 높은 위상은 넘치기 때문에 이는 부질없는 일일 뿐이다.

『대둔사지』는 명확한 기록은 없지만 대흥사의 창건은 신라말이라고 하였다. 법흥왕 때 아도화상이 창건했다고 했지만 해남은 당시 백제 지역이어서 가능하지 않다고 교정하였다. 그리고 9세기 말에 도선이 지정한 5백 사찰 중에 대흥사도 포함되는 것이 타당하다고 하였다. 이 판단이 옳다. 그리고 그 증거가 삼층석탑인 것이다.

대흥사 대웅보전

대흥사 대웅보전 내부 삼존불상

대흥사의 역사는 이어 13세기에 진정국사가 대흥사 북암에 주석하는 등 활동이 이어졌다고 한다. 그러나 이어 서산대사를 계승한 12대 종사로 넘어간다. 이런 『대둔사지』의 서술은 대흥사가 12대 종사 이전에는 뚜렷이 부각된 사적이 명확하지 않음을 말한다.

금당천이 동서로 흐르기 때문에 개울 왼쪽 삼층석탑과 대웅전이 있는 곳을 북원北院이라 한다. 이곳이 창건 시의 중심터이다. 대웅전은 자주 불을 만나 지금 건물은

원교 이광사가 쓴 대흥사 대웅보전 현판

추사 김정희가 쓴 대흥사 무량수각 현판

원교 이광사가 쓴 대흥사 해탈문 현판

원교 이광사가 쓴 대흥사 침계루 현판

1901년에 지은, 산사 중심 불전 중에서는 아주 젊은 건물이다. 화려한 용두 장식 등 여러 장식요소가 다분히 혼합되어 조선후기의 건축 양식을 잘 보여준다. 그러나 안에 모신 석가 약사 미타 삼존불(보물 제1863호)은 보수하는 과정에서 86건 514점의 복장물이 발견되어, 1612년에 10명의 조각승이 380명의 후원을 받아 조성한 것임을 알게 되었다.

대흥사 '대웅보전大雄寶殿' 현판은 원교가 쓴 자유롭고 기운 넘치는 글씨이다. 여기에는 이런 이야기가 전해 온다. 조선후기의 명필 추사秋史 김정희金正喜는 대흥사의 초의草衣선사와 절친이었다. 추사가 정쟁으로 인해 제주도에 귀양가게 되어 초의가 있는 대흥사에 들렀다. 원교의 현판을 본 추사는 자신이 대신 써 주고 현판을 바

원교 이광사가 쓴 대흥사 천불전 현판

창암 이삼만이 쓴 대흥사 가허루 현판

꾸라고 했단다. 그리고 9년 후 귀양이 풀리던 상경길에 다시 대흥사에 들러 옛일을 생각하더니, 다시 원교 현판으로 바꾸라고 했다는 이야기다. 흔히 유배 시절에 심신을 새롭게 다지면서 학문과 예술에 대한 생각이 달라졌다는 일화로 들지만, 호사가의 이야깃거리일 것이다. 추사가 일지암에 머물던 초의를 만났다고 전해온다. 아마도 이때 추사가 무량수각 현판을 썼을 가능성이 크다. 대웅전 옆 백설당에 걸려 있는 추사의 '무량수각無量壽閣' 현판이 이것이다. 최근에 새로 조성한 듯 성보박물관에 전시하고 있는 원본의 맛은 잘 살리지 못했다. 한 마당에서 두 명필의 글씨를 함께 드러내려 고안한 절측의 배려가 이런 이야기를 더욱 날개 돋히게 만드는가 싶다.

대웅보전 안에는 삼불을 봉안했는데, 좌우 벽면에는 다양한 불화를 봉안했다. 이는 18세기 이후 산사가 사람들의 여러 가지 신앙을 수용하기 위해 법당 안에 다양한 불화를 봉안하고 소규모의 의례를 거행하고, 법당 밖 마당에서 괘불을 걸고 대규모 의식을 거행하던 구조 그대로를 보여주는 의의를 갖는다. 북원에는 대웅보전 말고도 신해당 청운당 등의 요사채가 더 있다.

다시 개울을 건너 천불전千佛殿으로 향한다. 이쪽은 남원南院이다. 처음에 북원에 터를 마련했다가 형세가 커지면서 남원 구역으로 확대된 것으로 보인다.

천불전 현판 또한 유려한 원교 글씨이지만, 들어서는 '가허루駕虛樓' 현판은 전라

대흥사 천불전

대흥사 천불전 내부 천불

도 명필 창암蒼巖 이삼만李三晩의 글씨이다. 천불전 영역 또한 용화당 봉향각과 함께 사동중정형 구조를 갖추었다. 천불전의 불상도 유래를 갖고 있다. 천불전이 1811년에 소실되자 곧바로 1813년에 중건했다. 여기에 봉안할 불상은 경주의 이름난 옥돌로 6년에 걸쳐 조성했다. 다 만들어 대흥사로 옮기기 위해 1817년 11월 2척의 배가 출발했는데 그중 1척이 풍랑으로 표류해 일본에까지 흘러갔다. 겨우 찾아 이듬해 8월에 추가로 봉안하여 천불을 완성했다(풍계, 『일본표해록』). 일본에서 자신들이 모시려

대흥사 표충사 영역

했던 듯 그 불상들에는 '일日'자가 쓰여 있다고 한다.

천불전(보물 제1807호)은 크지 않은 규모이지만 화려한 공포와 내부 장식과 단청, 국화무늬 연꽃무늬의 소슬빗살과 꽃살 분합문 장식 등 세부 표현에 공들인 건물이다. 천불전 앞의 요사채 용화당은 1813년에 중수한 건물로 승려들이 거거하는 선방 겸 강당이다. 한쪽은 맞배지붕, 다른 한쪽은 팔작지붕에 온돌방 3개와 부엌, 큰 선방과 작은 방 2개를 차례로 배치하였다. 가허루에서 천불전으로 약간 오르막이 전개되는데, 용화당은 주춧돌의 높이를 지형에 따라 높낮이를 다르게 하고 마루의 수평을 맞추어 지었다. 자연을 거스르거나 마음대로 변형하지 않고 순응하는 산사의 건축 정신을 잘 구현한 건물의 대표적인 예이다.

천불전을 나와 동다실 정심당 등 요사채를 지나 표충사表忠祠 영역에 이른다. 표충사는 오늘날의 대흥사가 있게 한 바로 그 핵심 영역이다. 대흥사가 대찰의 면모를 갖추게 되는 것은 서산대사의 유지에 따라 표충사가 건립되고 서산 문도가 대세를 이루어 조선 후기 불교의 중추로 자부한 이후부터이기 때문이다.

조선후기 불교계의 태두 서산西山대사 휴정休靜(1520~1604)은 승탑과 비를 여러 곳에 남겼다. 워낙 많은 제자들의 추앙을 받았기에 저마다 스승을 모시기 위해 생겨난 현상이었다. 그중에 대흥사비는 1647년(인조 25)에 건립했다. 아마 이 무렵에 서산대사의 승탑(보물 제1347호)도 탑원에 세웠을 것으로 생각된다. 그런데 비문의 분위기가 다소 의아하다. 대문장가 장유張維는 1631년에 이 비문을 썼는데, 문집에 실린 글에는 해인사에서 지냈다고 하였지만 1647년에 세운 이 비에는 두륜산 대흥사에 주석했다고 명기했기 때문이다. 이것은 1778년에 서산대사의 비가 훼손되어 다시 세우면서 바뀌었을 가능성이 있다고 한다.

대흥사의 전승 기록은 또 1655년에 묘향산에 전하던 서산대사의 발우와 가사를 대둔사에 보냈다고 한다. 이 유물을 지금까지 전해 와서, 서산대사를 승군 도총섭에 임명하는 교지와 정조가 서산대사 영정에 쓴 쓴 화상명畫像銘은 보물(보물 제1357호), 발우와 가사와 서산 친필 저술 등은 전라남도 유형문화유산이다. 문장가 이하곤李夏坤(1677~1724)이 대흥사를 유람하고 남긴 글에서, 절의 승려들이 서산대사의 금선가사와 벽옥발우와 필적과 여러 법보를 자랑했다고 한 것으로 보아 17세기에 서산의 유물이 대흥사에 전해진 것은 널리 알려졌던 듯하다.

이처럼 대흥사가 돌연 서산대사의 정통 계승지로 부상한 데는 서산의 문도 중 가장 번성했던 편양파鞭羊派의 움직임에 따른 것이라고 한다. 편양파가 묘향산에서 발원하였으나 18세기에 사찰 중창과 운영을 고려하여 선택한 새로운 본산이 호남의 우

대흥사 표충사

정조가 쓴 표충사 편액

수한 경제적 기반을 가진 대흥사라는 것이다.

대흥사의 위상은 18세기 말에 추진된 표충사 건립운동으로 확고하게 된다. 1788년에 대흥사에서는 임진왜란에 공을 세운 이들의 충효와 절의를 내세워 사우祠宇 건립을 발원하면서, 대흥사의 종통宗統을 언급한 서산의 유지와 의발 전수를 크게 강조하였다. 이런 움직임에 따라 대흥사에서는 1789년에 사우를 건립했고 정조는 표충사 현판을 써내려 보내 이를 확실히 해주었다. 대흥사에서는 1789년에 표충사 상량문과 1791년에 표충사 창건기를 짓고, 1792년에 표충사의 사적비를 세우고 1795년

서산대사 가사

서산대사 발우

에 서산대사 행록行錄을 엮어, 대흥사야말로 서산대사의 유지를 이어갈 도량임을 분명히 하였다. 이때 보장록寶藏錄을 인용하여, 서산이 입적할 때 제자들에게 자신이 입적한 후 해남 두륜산 대흥사에 의발을 전하라고 부촉했다고 하였다. 대흥사가 산천지세가 빼어나 만세에 훼손되지 않을 땅이며, 왕의 교화가 미치지 않는 지역이니 이를 떨쳐야 하며, 처영 등 여러 제자들이 남방에서 활동했으므로 종통이 돌아갈 곳이라는 이유를 들었다.

대흥사 표충사 내부 서산-사명-처영 진영

이렇게 성립한 대흥사의 서산대사 정통 계승 의식은 서산문하의 대표 문파인 편양파와 소요파逍遙派의 결합으로 대흥사 12대 종사宗師와 12대 강사講師의 전통을 만들어 냈다. 이제 대흥사가 당대의 선과 교학을 주도하는 가장 왕성하게 활동하는 사찰이라는 자부심을 과시한 것이다. 현재 어느 절보다 가장 풍부한 승탑과 탑비들이 남아 있는 대흥사 탑원은 바로 서산대사에서부터 시작된 전통이 이들 종사 강사들에게 이어져 조선후기 불교의 으뜸가는 종원宗院으로 거듭났음을 확인하는 현장이다.

그렇게 조성된 표충사 영역은 여느 절 건물과는 다른 사우 형태를 갖추고 있다. 외곽의 솟을삼문 호국문을 지나면 의중당義重堂과 보련각寶蓮閣 강례재講禮齋가 마당을 중심으로 들어서 있다. 이들은 서산대사를 기리는 제례를 거행하기 위한 공간이다. 다시 솟을삼문인 예제문禮齊門 단을 오르면 정조의 친필 현판을 내건 표충사 건물이 나타난다. 표충사는 사찰에서 유교식 제향을 담당하는 독특한 건물로서 대흥사의 중요한 특징이다. 표충사 내부에는 서산대사를 중심으로 사명四溟과 처영處英대사의 영정과 위패를 모셨다. 표충사 오른편에는 사적비 2개가 있는 표충비각이 있다. 이곳이 대흥사가 18세기 불교계를 주도하던 핵심 역량이 샘솟던 근원지이다.

표충사에서 언덕을 오르면 대광명전大光明殿 영역이 나타난다. 1841년에 초의선사가 신관호申觀浩의 후원을 받아 창건한 건물이다. 지금은 법당과 요사채 뒤로 동국선원을 건립하여 선원으로 사용하고 있다. 신관호는 추사의 제자로 당시 전라수군절도사였다. 대광명전은 신관호가 제주에 귀양 가 있던 스승의 무사 귀환을 기원하며 스승의 벗 초의선사와 힘을 합쳐 세운 뜻있는 법당이다. 편액은 신관호가 직접 썼다. 내부 반자의 단청과 공포 사이의 옛스러운 벽화의 장엄한 면모는 그림에도 뛰어났던 초의선사의 의중이 반영된 것이라 한다.

초의선사는 추사와 절친한 교우관계를 맺은 것은 물론 다산을 비롯한 많은 유학자들과 교유하며 새로운 시대정신을 이해했고, 백파白坡선사와 변론辯論을 벌여 정통 선수행을 주장하기도 했던 독특한 승려였다. 문예와 예술에도 뛰어난 감성을 보였고, 특히 차에 대해 깊은 관심과 식견을 보여 한국차의 중흥주로 꼽힌다. 지금 대흥사 경내 표충사 앞에는 초의선사의 동상이 세워져 있고, 성보박물관 앞뜰에는 그의 차 이론서인 동다송을 석벽에 새겨 세웠다. 대흥사 산내 암자인 일지암一枝庵은 초의선사가 차를 재배하고 제작하며 차문화를 선도하던 곳으로, 지금도 그 전통을 이어가고 있다. 초의의 다풍은 오늘날 학문적으로 또 실제 차 제조와 음용에서 거의 모든 다인茶人들에게 영향을 주고 있다.

경내를 두루 순례하고 해탈문을 나서기 전에 다시 한번 대둔산의 부처님 형상을 돌아 본다. 산을 올려다보면 대둔산의 바위 경관이 압도적으로 다가온다. 군데군데

대흥사 대광명전

솟아 있는 바위는 수행지로서의 굳센 기운을 북돋운다. 발길을 돌려 밖을 바라보면 부드러운 능선과 마주한다. 대흥사 터는 굳셈과 부드러움이 조화로운 분위기를 만드는 입지이다. 대흥사의 네 영역은 자연 지세에 따라 주변 환경과 조화를 이루며 비대칭적으로 사찰의 영역을 확대한 대표적 유형이다. 이런 특성이 세계유산으로 꼽히게 된 요인이다. 요즘은 예전 건물 위로 호국대전의 압도적인 외양이 두륜산의 흐름을 막아서는 듯 경관이 바뀌었다.

혹 겨울 끝 무렵에 찾은 순례의 발길이라면, 별처럼 빛나는 업적을 남긴 고승들이 숨 쉬고 있는 탑원 모서리에 수북이 쌓여 있는 동백꽃을 마주 대할 수 있을 것이다.

대흥사 서산대사 승탑

동백은 피어 있는 꽃도 아름답기 그지없지만 떨어질 때도 온 모습 그대로 온전하게 땅으로 돌아간다. 승탑에 담긴 사리가 온전하게 고승의 정신을 전하고 있듯이.

### 대흥사의 세계유산적 가치

대흥사는 9세기 후반에 창건한 선종 사찰이다. 이후 고려와 조선을 거쳐 현재에 이르기까지 단절 없이 다중 공간 구성과 호국신앙을 대표하는 산사로 자리매김하고 있다. 대흥사는 두륜산 기슭의 금당천 옆으로 펼쳐진 지형에 처음 대웅보전이 있는 북원 영역에 터를 마련하였고, 사세가 확장됨에 따라 계류를 건너 점차 남쪽으로 입지를 확대하여 오늘날의 규모에 이르러 19세기까지 현재의 공간 구성 요소를 갖추었다.

종합승원으로서 대흥사는 출가자와 신도들을 위한 신앙과 수행, 생활공간의 다양한 건축물이 있다. 신앙 공간으로는 대웅보전, 명부전, 응진당, 천불전, 대광명전이 있다. 토착신앙과의 융합을 보여주는 공간으로 산신각과 표충사가 있다. 표충사는 임진왜란 때 나라를 위해 헌신한 서산대사를 기리기 위해 세운 사당으로서 사찰에서 보기 드문 솟을삼문을 갖추었다. 유교적인 국가 관념을 사찰에 살린 융합성을 보여주는 건물이다. 수행 공간으로는 동국선원, 용화당이 있다. 동국선원은 선 수행의 공간이며, 용화당은 강원 교육이 이루어지는 공간이다. 생활공간으로는 백설당, 대향각, 정행당, 신해당, 안심당, 청운당, 봉향각, 일로향실, 적묵당, 세심당, 정신당, 심검당, 문수전, 보현전, 보련각, 강례재, 의중당, 벽안당, 수심당, 종무소, 동다실이 있다. 대부분은 승려들의 생활공간으로 쓰이며, 동다실은 일반인들이 차를 마실 수 있는 공간이다.

대흥사는 석가신앙이 중심이지만, 표충사의 호국 정신을 기리는 전통이 있다. 임진왜란 때 나라를 구하기 위해 헌신한 서산대사와 그의 제자들을 제향하기 위해 국

대흥사 선 수행 © 산사세계유산등재추진위원회

가의 인정을 받아 1789년에 건립한 표충사에서는 국가에서 파견된 관리가 유교식 제향을 거행했다. 오늘날에도 해마다 서산대사를 기리는 의례를 거행한다.

대흥사 공간 구성의 특징은 계류를 사이에 두고 네 영역이 공존하는 구조라는 점이다. 북원 영역은 마당을 중심으로 대웅보전과 좌우 요사채, 침계루가 사면 배치를 이루고, 다시 보조불전과 요사채가 확장된 구성이다. 남원의 천불전 영역은 가허루와 천불전이 있고 마당 좌우에 봉향각과 용화당이 있다. 표충사 영역은 솟을삼문 안에 표충사와 조사전, 표충비각이 있다. 표충사 영역 동쪽에 선원으로 활용하는 대광명전 영역을 조성하였다. 이와 같은 대흥사의 영역 구성은 자연 지세에 따라 주변 환경과 조화를 이루며 비대칭적으로 사찰의 영역을 확대한 형태이다.

대흥사의 특징적인 불교 행사는 서산대재西山大齋이다. 임진왜란 때 구국활동을 벌였던 서산대사의 업적을 기리기 위해 치르는 이 제향 의식은 조선시대부터 거행되어 온 것이다. 대흥사가 서산대사의 유훈을 받들어 조선후기 불교계의 중심을 이루었던 역사적 전통을 현재에도 이어나가는 중요한 의례이다.

## 대흥사의 역사

대흥사는 9세기 말에 도선이 지정한 5백 사찰 중의 하나인 선종 사찰로 창건하였다. 대흥사 북원의 응진전 앞 삼층석탑이 9세기 양식으로 이를 증명한다. 대흥사는 1597년 정유재란으로 전체 사찰이 소실되었고, 이후 지속적으로 중건 사업이 이루어졌다. 1603년에 청련과 원철조사가 중수를 시작하였다(1896, 『대둔사지약기』). 1647년에 서산대사의 승탑과 비를 건립하고, 조선후기 불교계의 태두인 서산대사의 정통을 계승했음을 표방하며 사세의 중흥을 꾀하였다(1647, 해남현대흥사청허대사비명). 1667년에 대웅전을 중창하고 전각들이 들어서면서 북원의 사역을 확장하였다. 더욱 규모가 커지게 되자 개울을 건너 천불전을 중심으로 남원 구역을 형성했고, 다시 표충사 영역으로 확장하였다.

대흥사가 조선후기 사찰의 중심으로 자부하게 되는 것은 서산대사의 정통 계승이 국가에 의해 인정된 표충사 건립 때문이다. 서산대사를 기리기 위해 1789년에 정조가 '표충사表忠祠'라는 친필 편액을 내려 표충사를 건립하기에 이르렀고, 조정에서 예조禮曹의 의례 담당자가 대흥사에 와서 서산대사의 제사를 봉행하였다(1791, 「표충사창건기」). 대흥사의 서산대사 정통 계승 의식은 선과 교학에 뛰어난 12대 종사와 12대 강사의 전통과 권위를 확립하게 하였다. 이 시기 대흥사는 정약용의 지원으로 탁월한 고증을 바탕으로 한 사지 『대둔사지』를 편찬하였다. 대웅보전 침계루 천불전 등의 현판은 명필 이광사가 쓴 것이다. 1841년에는 초의가 대광명전을 창건하여 대광명전

대흥사 탑원의 승탑과 탑비

영역이 추가됨으로써(1841, 「대광명전신건기」), 현재의 가람 구성을 완성하였다. 1899년에 화재로 북원의 건물이 소실되자 1901년에 대웅보전을 중건하여 오늘에 이르렀다(1901, 「대웅전중창상량문」).

대흥사의 주불전은 대웅보전이다. 대웅보전은 마지막 화재 이후 1901년에 완성하였다(1901, 「대웅전중창상량문」; 1907, 「대웅전중건기」). 근래에 들어 1997년에 부식된 서까래를 교체하고 지붕 기와를 보수하였다(2013, 『해남대흥사정밀실측조사보고서』).

대흥사에는 17~18세기 한국불교를 주도했던 수많은 고승들이 활동했던 자취가 남아 있다. 12대 종사와 12대 강사로 일컬어지는 이들은 당시 선과 교학에 가장 뛰어난 고승들이었다. 이들을 기리기 위해 대흥사에는 큰 규모의 탑원塔院을 조성하고, 서산대사의 승탑과 탑비를 비롯하여 58기의 승탑, 17기의 탑비, 10기의 사적 관련 비를 보존하여 대흥사의 역사성을 입증하고 있다. 탑과 탑비는 수백 년간에 걸쳐 조성되었으며, 조사를 숭배하는 산사의 경향에 따라 잘 유지 보존되어 왔다. 근래에 2008년에 탑원의 석조 유물을 조사하고, 이에 대한 보존처리를 마쳤다(2013, 『해남대흥사정밀실측조사보고서』).

대흥사: 전남 해남군 삼산면 대흥사길 400

홈페이지: http://www.daeheungsa.co.kr

# 한국 불교의 역사와 산사

## 불교의 수용 정착기(4~9세기): 산사가 시작되다

불교 수용기에 사원은 산중이 아닌 도심에 세우는 것이 일반적이었고, 삼국 후반에 점차 지방에도 사원을 세우기 시작했다. 고구려는 불교가 전래된 지 3년만인 375년에 성문사省門寺와 이불란사伊弗蘭寺를 세웠다. 백제는 공주와 부여의 왕도에 많은 사원을 세웠으나 말기에는 왕도가 아닌 익산에 거찰 미륵사彌勒寺를 창건하였다. 이즈음에 승려 혜현慧顯이 예산의 수덕사修德寺에서 수행하다가 달나산達拏山(월출산)으로 옮겨 가서 수행했던 기록을 남기고 있어, 7세기 전반에는 여러 곳의 산사가 승려들의 수행처로 등장한 것을 알 수 있다. 신라는 불교 공인 후 544년에 흥륜사興輪寺를 시작으로 황룡사皇龍寺 등 왕도 경주에 많은 사원을 창건하였다. 이 시기에 지방에 자리잡은 사찰은 많지 않아 왕경 외곽의 남산에 사원이 건립되기 시작하였으며, 7세기 들어 원광이 세운 운문사雲門寺와 자장이 세운 통도사通度寺 등의 지방 사원이 등장하여 포교 무대가 넓어졌다.

통일신라시대에 들어 교종과 선종의 중심 사원이 명산名山에 자리잡기 시작하였다. 의상의 화엄 교단은 8세기 이후 활발한 활동으로 부석사浮石寺를 비롯하여 지방

불국사 © 경주시

에 사원을 건립해 나갔다. 부석사를 비롯하여 화엄사華嚴寺, 해인사海印寺, 보원사普願寺, 갑사岬寺, 범어사梵魚寺 등 화엄대찰이 신라말까지 건립되었는데, 이들은 모두 지금의 산사에 해당하는 지방의 대규모 사원들이다. 그리고 신라말인 9세기에는 중앙 사원보다 지방 사원의 창건이 크게 증가하였다. 이 시기 불교의 새로운 주류였던 선종 사원은 한결같이 중앙에서 멀리 떨어진 지방의 산중에 위치한 경우가 많았다. 선종의 대표적인 사원으로 꼽는 구산선문九山禪門은 장흥 가지산문迦智山門, 남원 실상산문實相山門, 강릉 사굴산문闍崛山門, 보령 성주산문聖住山門, 문경 희양산문曦陽山門 등이다. 산중에 자리잡은 산사는 도심 사원과 달리 회랑으로 둘러싸인 좌우 대칭의 엄격한 구성에서 벗어나 지형조건에 맞게 자유롭게 가람을 구성하기 시작하였다.

이렇게 점차 사원의 중요한 부분이 된 산사山寺는 도심의 사원보다 입지 여건이 수도에 더 적합하여 차츰 사상 연마의 중심이자 신앙의 성지로서의 위상을 갖게 되었다. 산사는 민가와 격리된 장소에 자리잡아 번거로운 사회와 격리되어 수행에 전념할 수 있다. 그러나 많은 산사는 깊은 산 속 외딴 곳에 따로 떨어져 있지 않고 일반인의 접근이 쉬운 산기슭에 자리잡고 있다. 불교의 도입 이전부터 한국인의 심성에는 성지로서 산악山岳숭배 신앙이 전해 내려왔고, 불교의 수용 이후 일정 부분이 산사로 계승되었다. 산사는 중앙 문화와 수준을 나란히 하는 지방 문화의 거점이자 수행의 전당이며 신앙의 성지였고, 지리적인 관점에서 국토 운영의 중요한 요지이기도 하였다. 이런 복합적인 성격이 삼국시대부터 명산에 사원이 들어서게 했고, 통일신라 시대를 지나면서 산사는 보편적인 불교 중심지가 되었다. 그리고 시대적 여건에 따라 사상적 역할이나 위상은 달랐지만, 고려와 조선에서도 그와 같은 추세는 지속적으로 이어졌다.

## 고려시대(10~14세기): 도심 사원과 산사가 병행하다

불교가 유교과 함께 국가의 주요 이념이었던 고려시대에는 도심의 사원과 산사가 나란히 불교문화의 중요한 역할을 담당하였다. 고려 태조는 왕도인 개경과 도성 밖에 많은 사원을 창건하였다. 태조는 후대 왕들이 바른 통치를 이어가기를 바라며 내린 훈요십조訓要十條에서 사원의 창건과 유지에 대해 당부하였다. 먼저 고려의 창업이 제불諸佛의 보호에 힘입었으니 마땅히 선교禪敎 사원을 창건하고 승려들이 주지 관리하게 해야 함을 역설하였다. 이어 여러 사원은 도선道詵이 산수의 순세順勢와 역

송광사

세逆勢를 헤아려 만든 것으로서, 그가 정한 사원 외에 함부로 절을 지으면 지덕地德을 손상하고 약화시켜 국가 대업이 영원하지 못할 것이라 했다 하여 사원의 무분별한 창건을 경계할 것을 강조하였다. 태조는 왕실에서 원당願堂이라 부르는 절을 함부로 짓는 것을 경계하고, 신라가 절을 많이 지어 지덕을 상하게 하고 패망에 이르렀음을 상기하였다. 도선이 지정했다는 사원 창건은 이후 고려는 물론 조선 초기 사원 정리 과정에서도 가장 중요하게 거론되었던 거점 사원 선정의 지표였다.

고려시대에는 사원이 유학자들이 교양을 닦고 공부하던 곳이기도 하였다. 개성 인근의 귀산사龜山寺는 근처에 고려 최고의 사학이던 최충崔沖의 구재학당九齋學堂

의 학생들이 종종 공부하는 곳이었고, 왕이 이 절에 행차하여 학생들에게 면학을 장려하기도 하였다. 이처럼 유학을 공부하는 학생들이 사원에서 공부한 예는 일월사나 용흥사, 귀법사 등에서도 찾을 수 있다. 왕도 개경에서는 연등회나 각종 도량道場 등 국가 주최의 대규모 행사가 거의 주기적으로 개설되어 때로는 수만에 이르는 승려가 운집하고 그보다 훨씬 더 많은 일반인들이 모여 사원은 커다란 만남의 장이 되었다. 불교 사상이나 신앙에서 다양한 종파가 형성되어 예배와 신앙의 대상이 증가하고 세분화되어 사원 건축의 구성 요소에 변화를 가져 왔다. 다양한 불상을 단독으로 봉안한 여러 종류의 전각들을 세웠고, 한 사원은 사역 안에서 이들을 복합적으로 경영하였다.

사원은 종교 의식의 거행 장소와 승려들의 수행 공간으로서의 기능 외에도 많은 사람이 모이는 물품의 생산과 소비 활동의 장이었고, 산사를 찾는 사람들이 증가함에 따라 이들을 위한 주거 공간이 필요하게 되었다. 사원에 기거하는 승려와 왕래하는 사람들이 많아지자 그동안 통로 기능을 하던 사원의 동서 회랑이 11세기 무렵부터 점차 의례 공간이나 생활공간으로 바뀌었다. 중심축과 나란한 건물이 독립적으로 자리 잡는 구조적 변화가 나타난 것이다. 또한 새로운 공간 수요에 따라 새로운 시설이 부가되어 선종 사원에서는 기존의 수행 영역인 승당僧堂이나 선당禪堂 외에 승탑僧塔과 조사당祖師堂 등으로 구성된 고승 추모 영역이 사역의 후면부에 새로 자리잡아 높은 위계와 정신적 핵심이라는 상징성을 보이게 되었다.

## 조선시대(15~19세기): 산사가 불교 중심지가 되다

조선시대에 불교계는 전반적으로 크게 위축되었으나 산사가 중심이 되어 신앙과 불교문화의 중추로서의 위상을 유지하였다. 조선 초기에 사원이 축소되어 사원전寺

선암사 © 산사세계유산등재추진위원회

院田을 보유하여 충분한 경제적 기반을 갖는 사원은 1424년(세종 6)에 최종적으로 선교 양종 36사로 축소되었다. 선교로 구분하기는 했지만 종파적 성격 차이는 거의 나타나지 않았다. 사원전을 인정받지 못한 사원도 전국에 걸쳐 1,500여 개 사가 존재하여 신앙 활동의 중심지로서의 역할은 계속 유지하였다. 왕경 한양의 사원은 16세기 초반에 자취를 감추었으나 여러 산사가 원당願堂으로 지정받아 왕실의 불교 신앙을 이어갔다.

임진왜란으로 전국의 사원은 막대한 피해를 입었으나 전쟁이 끝나자마자 곧바로 중창重創 사업이 동시에 여러 사원에서 전개되었다. 17세기 전반부터 대규모 중층 전각에 대형 소조불을 봉안하는 중창 사업을 시행하였으며, 각 지역의 중심 사원이 이전의 면모를 회복하고 산중의 소규모 사원들도 활발하게 원모습을 찾아갔다. 이때의 중창은 예전의 터를 그대로 활용하여 중건하는 경우가 대부분이었다. 이는 조선의 법전인 『경국대전經國大典』에 조선전기부터 새로운 사원의 창건은 금지하고 옛터를 중수하는 것만 인정했던 규정을 벗어나지 않기 위한 현실적 대안이었을 것으로 추정된다. 그러나 이를 준수하기 위해 시행했던 신창新創이 아닌 중수重修 불사는 오히려 원형을 손상하지 않고 보존하는 효과를 가져왔다. 이 규정과 이에 따른 중창 불사는 사원의 역사성을 손상하지 않고 지속될 수 있는 되는 전통을 마련했다는 점에서 중요한 의의가 있다.

이 시기에 형성된 산사의 모습이 오늘날 산사 면모의 중심을 이룬다. 전란으로 희생된 사람들을 추모하기 위해 불교에 대한 신앙 요청이 커졌고, 산사에는 사람들이 많이 모여들게 되었다. 조선 후기 불교계는 서산西山대사 휴정休靜과 부휴浮休대사 선수善修의 절대적 영향 아래 있는 문도門徒들이 대부분을 차지함에 따라 경전 공부와 선 수행과 염불을 종합 수행하는 단일한 사상 경향을 형성했다. 교학 강의가 성행하고 선 이론 논쟁도 계발되어 불교사상에 대한 관심도 이어졌다.

이러한 사상성을 반영하여 사원의 구조는 주불전을 중심으로 그 앞마당에 널찍한 공간을 확보하고 그 앞으로 누각이 조영되어 사원의 출입과 경관을 연출하고, 마당 좌우에는 승방과 선당 등의 요사채가 자리잡는 사동중정형四棟中庭形 가람구조가 산사의 기본형이 되었다. 절을 찾는 사람들이 증가함에 따라 이들을 수용하기 위해 요사채를 점차 늘려 갔고, 사원의 규모에 따라 중정형 기본 공간이 몇 개씩 중첩되기도 하였다. 신앙의 주 대상이 된 불전 건물은 불단을 뒤로 물려 내부 공간을 확장하여 예불과 집회를 원활하게 거행할 수 있도록 하였고, 불전의 좌우 벽면에도 신중탱이나 감로탱 등 여러 가지 불화를 봉안하여 다양한 신앙 의례를 시행할 수 있도록 하였다. 마당에는 괘불을 시설하여 많은 사람이 운집하는 대규모 야외 집회가 열리게 되었다. 사동중정형이 기본틀을 이루지만, 다양한 신앙과 교리를 수용한 관음전觀音殿과 지장전地藏殿, 영산전靈山殿과 나한전羅漢殿 등 보조불전과 여러 전각들이 크게 늘어나 다양한 공간 형식을 이루었다. 전통신앙을 수용한 사상적 융합성은 산신각山神閣 칠성각七星閣 독성각獨聖閣 또는 이들을 함께 봉안한 삼성각三聖閣과 같은 전각이 일정한 성역에 자리잡게 했다. 한국 특유의 산사 형식은 이렇게 정착되었다.

# 한국 산사의 특성

## 유구한 한국불교를 담고 있는 역사성

산사, 한국의 산지 승원의 가장 중요한 특성은 유구한 역사성이다. 사찰은 불교를 처음 수용한 삼국시대부터 조선시대에 이르기까지 각기 다른 창건 역사를 가졌다. 한국의 산사 7개 사원은 7세기부터 9세기까지 창건되었는데, 이 시기는 한국불교의 사상적 원형이 형성된 시기이다. 창건 이래 번영과 쇠퇴의 부침이 있기는 했지만, 이들 산사는 1,600여 년이 흐른 지금까지 끊이지 않고 그 역사를 이어 왔다. 시대에 따라 중심 사상은 달랐지만, 한국 불교는 교학과 선 수행을 기반으로 동 시대의 사상적 과제에 부응하는 체계적인 불교사상을 계발해 왔다. 사원의 정체성은 이와 같은 사상성의 유지 계승에서 힘을 갖는다. 전란이나 재화로 사원이 퇴락하면 승려와 신도가 협력하여 사회 각층의 후원을 얻어 전각을 다시 세우고 새롭게 규모를 키워 왔다.

산사의 역사성 중에서 먼저 꼽을 수 있는 특성은, 유지와 운영 측면의 '중창重創' 또는 '중수重修' 개념이다. 중창은 새롭게 사원을 창건하는 것이 아니라, 기존의 사원이 퇴락하거나 유지 보수가 필요할 때 이를 이전의 규모를 감안하여 새로운 모습으로 만들어내는 것이다. 현재 손꼽히는 주요 산사들은 모두 수차례에 걸친 중창의 과

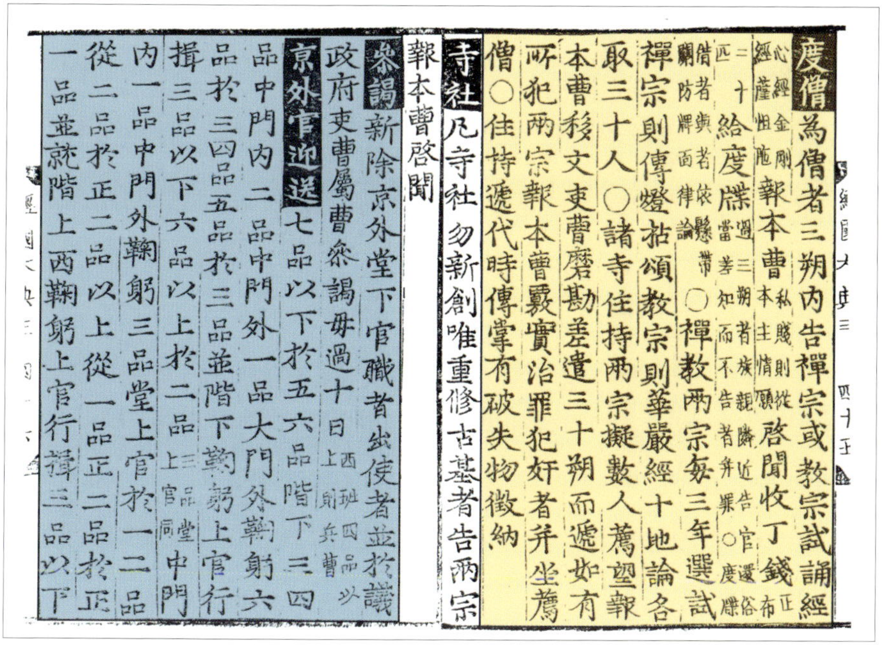

度僧 為僧者三朔內告禪宗或教宗試誦經(心經金剛經薩怛陁)報本曹(私賤則從本主情願)啓聞收丁錢(正布三十匹)給度牒(過三朔者族親隣近告官還俗當差知而不告者幷罪○度牒借者若依懸帶關防牌面律論)○禪教兩宗每三年選試禪宗則傳燈拈頌教宗則華嚴經十地論各取三十人○諸寺住持兩宗擬數人薦望報本曹移文吏曹磨勘差遣三十朔而遞如有所犯兩宗報本曹覈實治罪犯奸者幷坐薦僧○住持遞代時傳掌有破失物徵納

寺社 凡寺社勿新創唯重修古基者告兩宗報本曹啓聞

參謁 新除京外堂下官職者出使者並於議政府吏曹屬曹參謁毋過十日(西班四品以上則兵曹)

京外官迎送 七品以下於五六品階下三四品於中門內二品中門外一品大門外鞠躬六品於三四品五品於三品並階下鞠躬上官行揖三品以下六品以上於二品(三品堂上官同)中門內一品中門外鞠躬三品堂上官於一二品從二品於正二品以上從一品正二品於正一品並就階上西鞠躬上官行揖三品以下

사원의 중수만을 허용한 경국대전 사사조

정을 거쳐 오늘날의 모습을 갖추게 되었다. 그런데 중창 중수라는 표현은 역설적으로 창조적이고 역동적인 사원 건립이 불가능했던 조선시대에 법제적으로 사원의 운영을 규정했던 구절과 같다. 곧 조선시대의 법전이던『경국대전經國大典』에서 사원을 새롭게 짓는 것을 금지하고 오직 옛터를 중수하는 것만 양종과 예조에 알려 국왕에게 보고하도록 규정한 것이다. 불교계의 축소 정책을 추진했던 당시에 새 사원의 창건은 인정할 수 없었고, 사원의 존재와 유지를 부인할 수 없는 현실에서 기존 사원 자리에 다시 건립하는 것은 허용했던 내용이다. 여기서 표현한 '중수'라는 의미, 곧 '옛터를 중수한다'는 것은 건물을 고치는 정도가 아닌 새로운 건물 건립을 의미하는 것으로 생각된다.

한국의 불교문화는 중국을 통해 불교를 수용하여 그와 긴밀한 연관 관계를 보여주고 있고, 이는 동아시아 불교문화권의 보편적인 모습이기도 하다. 동시에 한국의 산사는 장기간의 불교문화를 전개하면서 구축한 독자적인 특성을 갖는다. 한국의 산사는 초기의 모습과 많은 차이는 있지만 창건 당시의 정신을 잃지 않고 계승해 왔다. 중창은 새로운 건물을 세우면서 기존 건물과의 관계를 고려하여 과거의 질서를 보존하면서도 새로운 질서를 덧씌우는 건축 방법이다. 초기의 전통을 유지하면서 시대적 필요에 대응하기 위해서 여러 중창의 방법들을 개발하여, 사원의 역사성을 존중하고 정신적 전통을 지켜왔다. 역사적으로 확인할 수 있는 산사의 운영 과정은 중창사업이 창건 당시의 이념과 구성을 크게 벗어나지 않았음을 보여주고 있다.

이런 운영 원칙에 따라 산사의 건축물은 주심포 다포 익공식 등 각 시대의 가장 우수한 목조건축물의 형식을 모두 보존하고 있다. 산사의 구조는 주법당과 마당 중심의 산사 기본 영역 구조 상에서, 다양한 형식의 목조 건축물을 유기적 질서 속에 기하학적으로 배치하여 건축 기술의 발전을 단계적으로 확인해준다. 산사는 사원 건물의 외형으로서만 역사를 이어온 것이 아니라 실제 신앙생활의 살아 있는 무대로 작용하였다. 산사는 사원의 운영 주체인 승려들이 거주하며 수도와 생활을 영위해 왔고, 일반인들이 이곳에 왕래하며 신앙 활동을 계속해 온 터전이다. 이러한 특성으로 인해 산사는 의식주衣食住 여러 면에서 전통문화를 잘 간직하고 있는 한국문화의 원형지대이다.

사원의 유지를 위해서는 신도들의 지원이 필수적이다. 조선후기에 정책적인 억불과 승려의 자질 저하에도 불구하고 사원이 나름의 존립을 꾀할 수 있었던 요인 중의 하나가 왕실 원당願堂의 설립과 운영이다. 사대부층의 불교에 대한 인식은 사회 정치적인 변화에 따라 다양하게 나타나지만, 불교의 신앙적 역할을 부정하지 않는 이들의 인식이 원당 설립의 기반이 되었다. 이런 상황에서 조선 왕실은 불교 억제책에도 불구하고 전국에 192개의 원당을 지정 운영하였다. 서울과 가까운 곳에는 왕릉을 수호하고 능 주인공의 명복을 비는 원당이 설치되었고, 명산대찰로 손꼽히는 사원에는 왕실 기도처가 설치되어 원당은 전국에 고르게 분포하였다. 산사 가운데 1727년에 세운 통도사 개산조당, 1765년 경 영빈이씨의 위패를 봉안한 법주사 선희궁원당, 1824년 왕자 탄생 축원으로 후원받은 선암사 원통각 등이 그 구체적인 예이다.

임란 이후 진행된 중창 사업은 지역민들의 참여가 두드러진 것이 특징이다. 이는 전란을 함께 치르면서 불교계와 민들의 협력관계가 개선되고, 지역민들의 신앙의 성지였던 지역 사원이 만남의 장으로 부각된 결과였다. 조선 후기에 조성한 사원의 건물과 불화 불상 및 각종 조영물의 시주로 참여한 이들 중에 일반민들이 절대 다수를 차지하는 것이 이를 증명한다.

임란 이후 가장 이른 시기인 1626년에 중창된 법주사 대웅전의 삼신불 조성에는 왕실을 비롯하여 승려와 일반인 4백 여 명이 갖가지 명목의 시주로 참여하였다. 또 1635년에 화엄사를 중창하면서 조성한 삼신불에는 1,430명에 이르는 승속이 힘을 모았다. 이와 같은 현상은 일시적인 것이 아니라 이후에도 계속해서 지속적으로 이어졌다. 부처 사리 신앙의 근본이 되는 통도사 계단의 경우, 1809년의 사리각 중수, 1823년의 금강계단 중수, 1872년의 사리탑 중수 등이 계기적으로 이루어졌고, 여기에 각각 수백 명의 승속이 시주로 참여하여 불사를 진행하였다. 이런 시주 양상은 모든 불사에 공통되는 현상이었고 다른 사찰도 마찬가지였다. 이처럼 지역사회와 긴밀한 관계를 가지며 산사는 신앙과 문화의 중심 역할을 담당하였다.

왕성한 중창 불사를 이어 법통法統 의식이 확산되고 사원의 유구한 전통과 자신들의 문파를 강조하려는 의미에서 각 사원마다 사적기事蹟記를 편찬하고 사적비事蹟碑를 건립하여 역사와 전통을 확인하고자 하였다. 이들 기록을 통해 산사의 역사적 변천과 운영 양상을 사실적으로 확인할 수 있다.

전통 건축의 정수를 간직하고 있는 봉정사 공포

## 사상과 신앙을 반영한 사원 구조

한국 산사의 구조는 조선전기까지 고려 이래의 모습을 유지하였으나 조선 후기에 장기간에 걸쳐 지속적인 중창 사업을 시행하여 구성이 바뀌었다. 이는 사원이 많은 신도들의 만남의 장이 됨에 따라 이를 반영하여 형성된 것이었다. 17세기에 등장한 사동중정형 가람 구조가 기본형을 이루었고, 이 중심 영역은 그대로 유지하며 요사채와 부차적인 전각을 확대하여 평면을 확장하고 구성을 다양하게 바꾸었다. 임란으로 피해를 입은 사원의 중창은 빠르게 진행되어 후기에도 전기와 크게 다르지 않은 1,500여 개의 사원이 운영되었다. 지역에 따라 사원이 늘기도 하고 줄기도 했고 규모가 작은 암자가 증가하기는 했지만 전체적인 추세는 전후기가 비슷하게 유지되었다.

사원이 많은 대중이 모이는 장소가 되면서 주 법당만으로는 이들을 수용할 수 없게 되었다. 망자들의 영혼을 위로할 수 있는 역할은 불교만이 담당할 수 있었고 사원에서는 이런 의식을 자주 거행하였다. 죽은 자의 영혼을 위로하기 위해 독특한 구성의 감로탱화甘露幀畵를 제작하고, 마당에서 수륙재와 같은 대규모 법회를 거행하기 위해 대형 불화 괘불掛佛을 다수 제작한 것은 이런 추세의 결과이다.

사원의 중창은 중심 영역을 먼저 건립한 뒤 부차적인 전각을 차례로 건립하는 순서로 진행하였다. 주불전 일곽이 중심을 이루고, 부차적인 전각들이 주불전을 중심으로 그에 부속된 구성 형식을 갖추면서 전체적으로 단일한 영역을 형성하였다. 고성 옥천사에서 보는 것처럼 17세기 중반에 법당과 동상당 심검당 궁현당 정문을 건립하고, 18세기 후반에 주불전 대웅전과 요사 탐진당과 적묵당, 누각 자방루를 건립하였으며, 19세기 말에 대웅전 양쪽에 명부전과 나한전, 뒤쪽으로 팔상전과 독성각 산신각 칠성각을 건립하여, 순차적으로 전각을 증가해갔다. 전란 직후의 열악한 상황에서 단기간에 건물을 완성하기 위해 시공을 단순화한 것도 이 시기에 형성된 특징적인 현상이었다.

사원의 역사를 기록한 대흥사 사적비

〈표 1〉 세계유산 산사, 한국의 산지 승원 7개 사원

| 산사 | 창건 시기 | 사상전통 | 신앙전통 | 입지 유형 | 지역 |
|---|---|---|---|---|---|
| 영취산 통도사 | 646년 | 계율 | 종합 | 곡저형 다원식 | 경상남도 양산시 |
| 봉황산 부석사 | 676년 | 화엄 | 미타 | 경사형 단축식 | 경상북도 영주시 |
| 천등산 봉정사 | 677년 | 화엄 | 미타 석가 | 경사형 다축식 | 경상북도 안동시 |
| 속리산 법주사 | 8세기 중반 | 법상 | 미륵 석가 | 곡저형 일원식 | 충청북도 보은군 |
| 태화산 마곡사 | 9세기 후반 | 선 | 석가 화엄 | 계류형 이원식 | 충청남도 공주시 |
| 조계산 선암사 | 9세기 후반 | 선 | 석가 | 곡저형 다원식 | 전라남도 순천시 |
| 두륜산 대흥사 | 9세기 후반 | 선 | 석가 호국 | 계류형 다원식 | 전라남도 해남군 |

사동중정형 구성을 보여주는 대흥사 대웅보전 영역 ⓒ 산사세계유산등재추진위원회

산사, 한국의 산지 승원 7개 사원은 한국불교의 전반적인 내용을 모두 담고 있다. 창건 시기는 한국불교의 틀을 형성하던 7세기부터 9세기에 걸쳐 있고, 사상 전통은 선과 화엄 법상 그리고 계율 등을 망라하고 있으며 신앙 전통 또한 석가 미타 미륵 등 주요 요소를 모두 포함하고 있다. 입지 유형은 경사형 곡저형 계류형의 형식에 일원식 다원식 단축식 다축식 등 다양한 평면 구성을 포용하고 있으며, 지역적으로 중남부 전지역을 포괄하여 분포하고 있다.

이런 특징으로 인해 산사는 한국불교의 모든 내용을 대변하고 있는 것이다.

조선 후기에 틀을 갖춘 산사의 구조는 기본적으로 주 법당 앞에 탑을 필수로 배치하지 않은 마당 공간을 갖추고, 양쪽에 생활과 수행 공간을 마련하고 진입부로 누각을 갖춘 사동중정형 가람 구조를 보였다. 진입부를 지나 만나는 중심 영역이 마당을 가운데 두고 앞뒤로 불전과 누각, 좌우로 요사인 승당과 선당의 네 건물로 구성되며 그밖의 부속 전각과 당우들을 주변으로 확산 배치하는 구조이다. 승당과 선당에서는 조선후기 불교사상의 주류인 선 수행과 교학 연마, 누각에서는 염불 수행을 실천하는 경우가 많았다. 산사의 건물 배치는 명확한 사상성을 담고 있다.

〈표 2〉 한국의 산사 소장 유형문화유산 현황

| 산사 | 불상 | 불화 | 건축(석조) | 공예 | 경판 | 경전 | 현판 | 복식 | 기타 | 합계 |
|---|---|---|---|---|---|---|---|---|---|---|
| 통도사 | 215 | 1,058 | 358 | 1,395 | 1,389 | 17,932 | 647 | 23 | 1,001 | 24,018 |
| 부석사 | 28 | 7 | 29 | 2 | 647 | – | 25 | – | 1 | 739 |
| 봉정사 | 273 | 34 | 14 | 12 | 601 | 5 | 34 | – | 3 | 976 |
| 법주사 | 7,942 | 94 | 91 | 178 | 97 | 543 | 75 | – | 26 | 9,046 |
| 마곡사 | 1,101 | 67 | 16 | 18 | 984 | 210 | 88 | – | – | 2,484 |
| 선암사 | 429 | 159 | 72 | 258 | 834 | 725 | 142 | – | 60 | 2,679 |
| 대흥사 | 1,138 | 59 | 104 | 84 | 414 | 933 | 98 | 1 | – | 2,831 |
| 합 계 | 11,126 | 1,478 | 684 | 1,947 | 4,966 | 20,348 | 1,109 | 24 | 1,091 | 42,773 |

산사는 승려와 신도들의 신앙과 수행과 생활이 영위된 종합 공간으로서, 이에 필요한 다양한 조형물을 만들어 보존해 왔다. 산사에 전해오는 다양한 종류의 수많은 문화유산은 한국 불교문화의 우수한 역량을 확인해주며, 산사의 신앙과 수행과 생활을 종합적으로 보여준다.

산사의 구성은 17세기부터 특히 요사채가 크게 변화하였다. 사람들의 산사 내왕이 많아짐에 따라 요사 건립이 활발하여 먼저 대방과 부엌이 결합하여 요사의 기본형을 형성하였다. 다음에 대방에 승방이 추가된 一자형과 ㄱ자형이 등장하였고, 18세기에는 대방에 승려들의 휴식공간인 지대방이 추가되어 지대방+대방+부엌이 기본 평면이 되었다. 이후 다양한 평면 요소들이 결합하면서 점차 ㄷ자형 또는 ㅁ자형 평면으로 규모를 확대하였다. 요사의 평면 확장 과정은 시대가 흐르면서 점차 진전되어 一자형에서 ㄱ자형, ㄷ자형, ㅁ자형으로 변화하였다.

## 자연과 함께하는 입지와 경관

한국의 산사는 산기슭의 계곡과 어우러진 절경에 자리잡은 경우가 많아 일반인들이 어렵지 않게 찾을 수 있는 접근성을 확보하고 있다. 마을과 산사 사이에는 여유 있는 진입로를 두어 완충공간을 형성함으로써, 산사 영역은 신성한 독립 공간으로서 승려들의 수행과 일상의 장소이면서 신도들이 신앙의 성역으로서 공동체 공간을 형성하기에 적합한 환경을 갖추고 있다. 산사는 정해진 입구가 없이 자연스럽게 들어가는 개방형 구조를 띠며, 일주문에서 중심 공간에 이르는 진입 동선은 계류와 어울리도록 유기적으로 구성하였다. 이는 자연의 지세를 존중하고 자연의 아름다움과 함께 하려는 정신성이 산사 입지에 반영된 결과이다.

산사의 동선은 대체로 일주문과 천왕문을 지나 누각을 통과하여 중심 공간에 이르도록 구성하여, 다른 나라에서 볼 수 없는 한국의 독창적인 디자인을 완성한다. 산사의 중심 영역은 산록의 경사가 완만한 곳에 자리를 잡고 뒤쪽이나 좌우 양쪽이 산줄기로 둘러싸여 있으며, 전체 건물군은 주변 지형을 고려하여 자연친화적으로 경영함으로써 산사가 자연에 동화되도록 하였다.

산사는 자연과 더불어 있다는 공간 관념을 바탕으로 산세를 지혜롭게 이용하여, 산사의 건물들은 주변 지형에 비해 그다지 크지 않아 사원 경관을 부드럽게 표출하

경사진 입지를 그대로 살려 사역을 조성한 부석사

고 있다. 산사의 진입로 주변에는 상록수와 활엽수를 심어 방향유도 효과가 나타나도록 했고, 경내 수목은 자연 식생과의 조화를 고려하여 수종을 결정하고 경관을 조성하여 자연과 상생相生하는 조화를 추구하였다. 중심 영역은 식물 경관의 비중이 상대적으로 낮은 건축 중심의 공간 구성으로 산 속에 산과 어울린 특유의 공간을 형성하였다.

## 지역민과 함께하는 신앙공동체

한국의 산사는 창건 이래 천 년이 넘는 세월을 거치면서 절을 수호하고 유지하려는 많은 신도들의 적극적인 시주와 도움으로 끊임없이 중창 중수 사업을 시행하였다. 신라와 고려시대는 물론 조선시대에도 산사는 종교적 역할을 담당하였다. 왕실

지역민이 함께하는 사원 운영의 한 모습 김장 ⓒ 산사세계유산등재추진위원회

을 비롯한 지배층들도 공식 혹은 비공식적으로 사원을 후원하였고, 특히 산사가 위치한 지역민들이 적극적으로 사원의 유지를 후원하였다. 건축의 중창기, 불상과 불화의 조성기와 발원문 등 불사를 기록한 기문記文에는 중수 사정은 물론 이에 참여한 수백 명의 승속 시주들의 이름이 담겨 있다. 뜻있는 이들이 모임을 만들고 일정한 재산을 모아 산사에 기부하여 자신들은 물론 산사의 구성원들과 모든 사람들이 심신이 안락하고 사원이 길이 유지되기를 비는 일도 산사마다 빈번하게 이루어졌다.

많은 사람들의 모임의 장이 되면서 산사는 지역문화와 사회적인 봉사활동의 중심이 되었다. 오늘날에도 사람들은 산사를 찾아 마음을 닦는 수련을 실천하고 경건한 신앙심을 북돋운다. 산사를 중심으로 지역민들은 지역 사회의 일원으로서 갖가지 봉사 모임을 결성하여 사회공동체의 협력을 위해 봉사한다. 산사는 수행처이자 신앙의 현장으로서 오늘날에도 종교 성지로서의 역할을 다하고 있다. 산사에는 이곳에서 이루어진 수행과 신앙과 생활의 모든 면모가 한국 문화의 특성으로 고스란히 남아 있다.

# 참고문헌


문화재청, 1989,『마곡사 실측조사보고서』

문화재청, 1992,『봉정사 극락전 수리공사보고서』

문화재청, 2002,『부석사 무량수전 실측조사보고서』

문화재청, 2003,『봉정사 극락전 수리실측보고서』

문화재청, 2004,『봉정사 대웅전 해체수리공사보고서』

문화재청, 2005,『법주사 대웅전 실측수리보고서』상·하

문화재청, 2005,『부석사 조사당 수리실측조사보고서』

문화재청, 2010,『법주사 원통보전 실측수리보고서』

문화재청, 2010,『봉정사 화엄강당 고금당 정밀실측보고서』상·하

문화재청, 2011,『영주 부석사 무량수전』

문화재청, 2012,『공주 마곡사 대웅보전·대광보전: 정밀실측조사보고서』

문화재청, 2013,『공주 마곡사 영산전 해체수리보고서』

문화재청, 2013,『보은 법주사 팔상전 정밀실측조사보고서』

문화재청, 2013,『해남 대흥사 정밀실측조사보고서』

문화재청, 2014,『양산 통도사 대광명전 정밀실측조사보고서』

문화재청, 2014,『양산 통도사 영산전 정밀실측조사보고서』

문화재청·순천시, 2002,『선암사 대웅전 실측조사 및 수리공사보고서』

문화재청·불교문화재연구소, 2009~2014,『한국의 사찰문화재』

영축총림 통도사, 1997,『통도사 대웅전 및 사리탑 실측조사보고서』

최완수, 1994,『명찰순례』1·2·3, 대원사

한국의 전통산사 세계유산등재추진위원회, 2014『세계유산과 한국의 전통산사』, 세계유산등재를 위한 국내학술대회자료집

한국의 전통산사 세계유산등재추진위원회, 2015 『한국의 전통산사의 불교문화유산과 가치』, 세계유산등재를 위한 국내학술대회자료집

한국의 전통산사 세계유산등재추진위원회, 2015 『종교유산의 세계유산적 가치』, 세계유산등재를 위한 국제학술대회자료집

한국의 전통산사 세계유산등재추진위원회, 2015 『불교유산의 세계유산적 가치』, 세계유산등재를 위한 국제학술대회자료집

한국의 전통산사 세계유산등재추진위원회, 2015 『한국의 전통산사 세계유산 등재를 위한 기초연구』 Ⅰ·Ⅱ

한국의 전통산사 세계유산등재추진위원회, 2016 『한국의 전통산사의 세계유산적 가치』, 세계유산등재를 위한 국내학술대회자료집

『산사, 한국의 산지 승원 세계유산 등재신청서』

산사세계유산등재추진위원회, 2019 『산사, 한국의 산지 승원 세계유산 등재 기념 백서』

UNESCO World Heritage Center, Nomination of Sansa, Buddhist Mountain Monasteries in Korea, for Inscription on the World Heritage List(https://whc.unesco.org/en/list/1562)

# 산사

## 한국의 산지 승원

초판 1쇄 발행 2025년 11월 20일

지은이 정병삼
펴낸이 김길준
펴낸곳 (학)신구학원신구문화사
디자인 은디자인

주 소 경기도 성남시 중원구 광명로 377 신구대학교 우촌학사 1층
전 화 031－741－3055~6
팩 스 031－741－3054
이메일 shingupub@naver.com
홈페이지 www.shingubook.com
출판등록 1968년 6월 10일



ISBN 978－89－7668－291－8 03220